李丰 蔡荣 蒋文斌 等◎著

新时期中国
食物消费与浪费研究

Research on Food Consumption and
Waste in China in the New Era

本报告获

粮食公益性行业科研专项项目（201513004）
国家社会科学基金项目（14BJY221）
现代粮食流通与安全协同创新中心
国家重点研发计划重点专项（2017YFD0401401）
国家重点研发计划重点专项（2018YFD0401405）
江苏高校优势学科
江苏省重点学科
江苏省青蓝工程
资助

经济管理出版社
ECONOMY & MANAGEMENT PUBLISHING HOUSE

图书在版编目（CIP）数据

新时期中国食物消费与浪费研究/李丰，蔡荣，蒋文斌著.—北京：经济管理出版社，2019.3

ISBN 978-7-5096-6441-4

Ⅰ.①新… Ⅱ.①李… ②蔡… ③蒋… Ⅲ.①食物—消费—研究—中国 ②食物—浪费—研究—中国 Ⅳ.①F126.1

中国版本图书馆 CIP 数据核字（2019）第 049759 号

组稿编辑：曹　靖
责任编辑：杨国强　张瑞军
责任印制：黄章平
责任校对：陈　颖

出版发行：经济管理出版社
（北京市海淀区北蜂窝 8 号中雅大厦 A 座 11 层　100038）
网　　址：www.E-mp.com.cn
电　　话：（010）51915602
印　　刷：三河市延风印装有限公司
经　　销：新华书店
开　　本：720mm×1000mm/16
印　　张：8
字　　数：112 千字
版　　次：2019 年 7 月第 1 版　2019 年 7 月第 1 次印刷
书　　号：ISBN 978-7-5096-6441-4
定　　价：68.00 元

·版权所有　翻印必究·

凡购本社图书，如有印装错误，由本社读者服务部负责调换。
联系地址：北京阜外月坛北小街 2 号
电话：（010）68022974　　邮编：100836

本报告获

粮食公益性行业科研专项项目（201513004）
国家社会科学基金项目（14BJY221）
现代粮食流通与安全协同创新中心
国家重点研发计划重点专项（2017YFD0401401）
国家重点研发计划重点专项（2018YFD0401405）
江苏高校优势学科
江苏省重点学科
江苏省青蓝工程
资助

前　言

本书包括四个部分：居民消费结构变迁、稻谷主要消费情况、食用油消费情况、农村食物浪费情况。

第一部分：居民消费结构变迁。首先，从经济发展和人民生活、居民食物消费支出情况两个方面描述了居民收入及食物消费支出总体情况。其次，通过整理具体数据，列出了粮食、蔬菜、水果、肉类、水产品和奶类这六种主要食物消费量的变化趋势。再次，从热量、蛋白质和脂肪三个方面，分析了居民食物营养结构的变化趋势。最后，分别按照东、中、西、东北和南北两种划分方式，深入研究了各区域城乡居民消费支出水平的变化情况，以及居民粮食、蔬菜、蛋类、奶类和猪、牛、羊肉消费量的变化情况。

第二部分：稻谷主要消费情况。首先，通过已有数据和计算推理相结合的方式，获得我国粮食消费数据。其次，对不同消费用途（种子消费、饲料消费、工业消费、口粮消费和餐桌浪费）稻谷的消费量进行评估。再次，从稻谷消费的数量变化、组成结构变化、空间差异和餐桌浪费四个方面的主要原因描绘了稻谷消费的主要特征。最后，分析了稻谷消费的主要影响因素。

第三部分：食用油消费情况。首先，从全国层面分析了居民食用油消费变迁脉络，包括消费情况、消费支出和消费结构。其次，从消费情况和消费支出变化情况两个方面,梳理了城乡居民食用植物油消费变迁。再次,分别按照南北和东、中、西、东北两种划分方式,从消费结构、消费支出和消费结构变化三个角度,分析了各区域居民食用植物油消费的变迁情况。最后,研究了全国油料浪费情况。

第四部分:农村食物浪费情况。将范围划分为11个区域,从中选出25个具有代表性的省市,对农村固定观察点系统内抽中的农村居民进行调查。研究采用的是3天记账式调查,通过对被调查者食物消费前后的重量进行测算,得到浪费比率。消费的食物种类分为主食(面制品和米制品)和菜品(薯类、豆类、猪肉、牛羊肉、禽肉、水产品和蛋类)两大类。通过分析不同区域的饮食习惯、不同城市的发展水平,以及被调查家庭的基本特征、采购储藏特征和做菜做饭特征等变量,研究它们对我国农村地区食物浪费的影响,并提出减少食物浪费的相应建议。

目 录

第一章 我国居民食物消费结构变迁 ··· 1

一、居民收入及食物消费支出总体情况 ···································· 2

（一）经济发展与人民生活 ·· 2

（二）我国居民食物消费支出情况 ···································· 5

二、居民主要食物消费变化 ·· 7

（一）粮食 ··· 8

（二）蔬菜 ··· 9

（三）水果 ··· 9

（四）肉类 ··· 10

（五）水产品 ·· 11

（六）奶类 ··· 12

三、居民食物营养结构变化趋势 ··· 13

（一）热量 ··· 13

（二）蛋白质 ·· 14

（三）脂肪 ··· 15

四、东、中、西、东北地区饮食消费变迁 ·· 16
   （一）城乡居民消费支出水平变化 ·· 16
   （二）居民粮食消费量变化 ·· 21
   （三）居民蔬菜消费量变化 ·· 25
   （四）居民蛋类消费量变化 ·· 28
   （五）居民奶类消费量变化 ·· 32
   （六）居民猪、牛、羊肉消费量变化 ···································· 34

五、南北地区饮食消费变迁 ·· 37
   （一）城乡居民人均消费支出水平变化 ································ 37
   （二）居民粮食消费量变化 ·· 41
   （三）居民蔬菜消费量变化 ·· 42
   （四）居民蛋类消费量变化 ·· 44
   （五）居民猪、牛、羊肉消费量变化 ···································· 45

第二章　我国稻谷主要消费情况 ·· 47

一、粮食消费数据的主要获取渠道 ··· 48

二、不同消费用途稻谷消费量评估 ··· 49
   （一）种子消费 ·· 49
   （二）饲料消费 ·· 50
   （三）工业消费 ·· 51
   （四）口粮消费 ·· 52
   （五）餐桌浪费 ·· 54

三、稻谷消费特征 ·· 56
   （一）稻谷消费的数量变化 ·· 56
   （二）稻谷消费的组成结构变化 ··· 56

（三）稻谷消费的空间差异 ………………………………… 57
　　（四）餐桌浪费的主要原因 ………………………………… 57

四、稻谷消费的主要影响因素 …………………………………… 59
　　（一）城镇化和人口数量的影响 …………………………… 59
　　（二）国民经济的增长 ……………………………………… 60
　　（三）收入和价格因素 ……………………………………… 60

第三章　我国食用油消费情况 ……………………………………… 61

一、全国层面居民食用油消费变迁 ……………………………… 61
　　（一）全国居民食用油消费情况 …………………………… 61
　　（二）食用油消费支出水平 ………………………………… 63
　　（三）食用油消费结构水平 ………………………………… 64

二、城乡居民食用植物油消费变迁 ……………………………… 68
　　（一）城乡居民食用植物油消费情况 ……………………… 68
　　（二）城乡居民食用植物油消费支出变化 ………………… 71

三、南北居民食用植物油消费变迁 ……………………………… 73
　　（一）食用植物油消费数量 ………………………………… 74
　　（二）食用植物油消费支出 ………………………………… 76
　　（三）消费结构变化 ………………………………………… 78

四、东、中、西部居民食用油消费变迁 ………………………… 79
　　（一）食用植物油消费数量 ………………………………… 80
　　（二）食用植物油支出变化 ………………………………… 82
　　（三）食用植物油消费结构变化 …………………………… 84

五、全国油料浪费情况 …………………………………………… 86
　　（一）全国分品种油料浪费量 ……………………………… 86

(二) 全国分品种油料浪费趋势 ················· 88

第四章 农村食物浪费情况 ················· 92

一、调查背景与目的 ················· 92
    (一) 研究背景 ················· 92
    (二) 研究目的 ················· 93

二、调查准备 ················· 94

三、调查范围及方法 ················· 94
    (一) 调查范围 ················· 94
    (二) 调查对象、内容及计算方法 ················· 96

四、调查结论 ················· 98
    (一) 全国食物浪费情况 ················· 98
    (二) 不同地区食物浪费情况 ················· 101

五、调查分析 ················· 103
    (一) 不同区域饮食习惯对农村居民食物浪费影响分析 ················· 103
    (二) 不同城市发展水平对农村居民食物浪费影响分析 ················· 104
    (三) 实证分析 ················· 105

六、减少食物浪费的建议 ················· 110

七、调查存在的问题 ················· 111

参考文献 ················· 112

后记 ················· 117

第一章　我国居民食物消费结构变迁

改革开放以来，我国经济高速增长，城乡居民生活水平大幅提高。目前，我国已经基本解决了人民的温饱问题，人们生活水平总体达到了小康，并向全面小康迈进。居民生活水平提高，最直接的体现是食物消费水平的提高。一般来说，食物消费总的趋势是从低层次消费转向高层次消费。食物消费结构指的是人们的食物选择和消费，是符合农业生产、经济水平和居民身体素质等方面具体情况的食物组成。中国既是粮食的生产大国，也是食物的消费大国。协调好农业生产、消费与居民营养健康的关系，是当前与今后的重要任务。首先，食物作为生活中的必需品，其在数量上已经达到相对稳定状态，不再随着收入和生活水平的提高而增加；其次，现阶段食物消费的主要变化集中在食物消费结构的调整上，以提供能量为主的植物性食物的消费量正在逐渐下降，而以提供蛋白质等富含营养物质的动物性食物的消费量在上升，尤其是水产品、奶类等提供高蛋白的食物。

一、居民收入及食物消费支出总体情况

改革开放 40 年来，我国经济发展取得了累累硕果，改革开放从根本上提高了人们的生活水平，不但使我国人民富了起来，而且使我国进入了中国特色社会主义新时代。尤其是近 20 年来我国经济和社会发生了深刻的变化，我国成为世界上经济发展速度最快的国家，人民生活水平有了极大的提高，国家综合实力有了极大的提升，我们可以从各项统计数字中看到这些成就。

（一）经济发展与人民生活

1. 国内生产总值

改革开放以来，我国国民经济快速增长，综合经济实力显著增强。2016 年我国实现国内生产总值（GDP）744127 亿元，约是 1997 年的 9.3 倍。近 20 年来，我国紧紧抓住改革开放的历史性机遇，深化改革，扩大开放，实现了国民经济持续、快速、健康发展。图 1-1 反映了改革开放以来我国国内生产总值的变化情况。2016 年，我国国内生产总值按可比价格计算，比上年增长 6.7%，全年第一产业增加值为 62671 亿元，比去年增长 3.3%；第二产业增加值为 296236 亿元，增长 6.1%；第三产业增加值为 384221 亿元，增长 7.8%。第一、二、三产业增加值占国内生产总值的比重分别为 8.6%、39.8%、51.6%。

2. 人均 GDP

食物支出的发展受经济发展水平的制约，因此，分析经济发展水平的变化有助于理解食物消费变化。人均 GDP 是衡量经济发展水平的重要指标。从图 1-2 可以看出，我国人均 GDP 在 2003 年突破 1 万元以后，开始进入快速增长阶段。

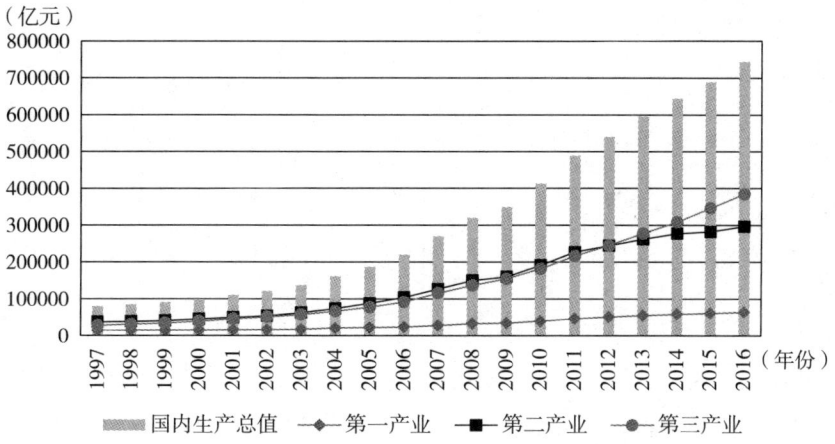

图 1-1 中国国内生产总值变化（1997~2016 年）

资料来源：历年《中国统计年鉴》。

从 2003 年的 10666 元到 2016 年的 53980 元，只用了 13 年时间，创造了令人惊叹的增长奇迹。

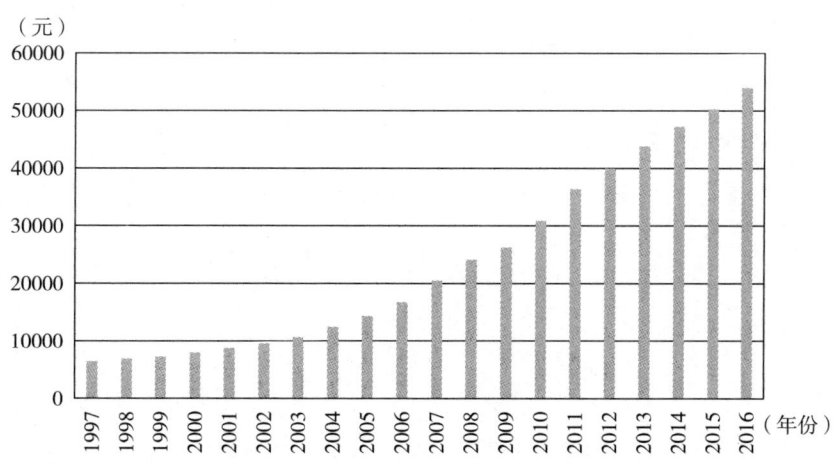

图 1-2 1997~2016 年中国人均 GDP 变化情况

资料来源：历年《中国统计年鉴》。

3. 人均可支配收入

收入与消费水平是一个国家或一个地区人民生活水平的重要指示器。随着经济的发展，收入与消费水平的变化也呈现出一定的规律性，即随着经济增长，收入与消费水平均显著提高。改革开放以来我国经济快速增长，人民收入水平显著提高。如图1-3所示，城镇居民人均可支配收入由1997年的5160元，增长到2016年的33616元，近20年来城镇居民人均可支配收入增长了6.5倍；农村居民人均可支配收入由1997年的2090元，增长到2016年的12363元，增长了5.9倍，可见无论是城镇居民还是农村居民，近20年来人均可支配收入都获得了较大幅度的增长。

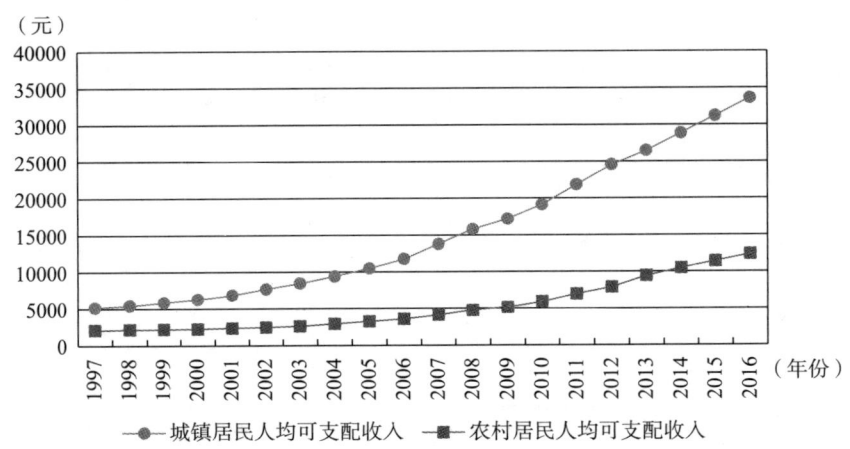

图1-3 我国城乡居民人均可支配收入

资料来源：历年《中国统计年鉴》。

从绝对量水平来看，我国农村居民收入水平低于城镇居民。城镇居民人均可支配收入在2005年就已经达到10000元，而农村居民人均可支配收入在2014年才达到10000元，可见城乡居民的收入差距依然较大。从变化趋势来看，城乡居民人均可支配收入均呈递增趋势。

4. 人均消费支出

伴随着收入水平的提高,居民消费支出水平和食物消费支出水平也同步提高,1997 年城镇居民人均消费支出是 4186 元,到 2016 年人均消费支出是 23079 元,为 1997 年的 5.5 倍;1997 年农村居民人均消费支出是 1617 元,到 2016 年人均消费支出是 10130 元,为 1997 年的 6.3 倍。农村居民人均消费支出的增长幅度高于城镇居民人均消费支出的增长幅度。且从变化趋势来看,城乡居民人均消费支出均呈增长趋势。如图 1-4 所示。

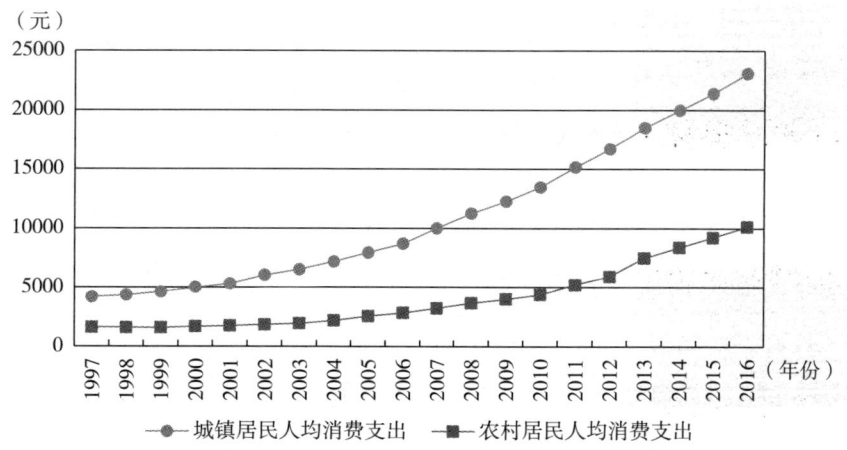

图 1-4 城乡居民人均消费支出(1997~2016 年)

资料来源:历年《中国统计年鉴》。

(二)我国居民食物消费支出情况

1. 恩格尔系数

恩格尔系数主要体现的是食物支出占总消费支出的比例随收入变化而变化的趋势,揭示了居民收入与食物支出之间的相关关系,用食物支出占总消费支出的比例来说明经济发展、收入增加对生活消费的影响程度。因此,恩格尔系数反映了消费水平的高低，恩格尔系数越大，消费水平越低。在研究食物消费结构时，恩格尔系数是必不可少的。如图1-5所示。

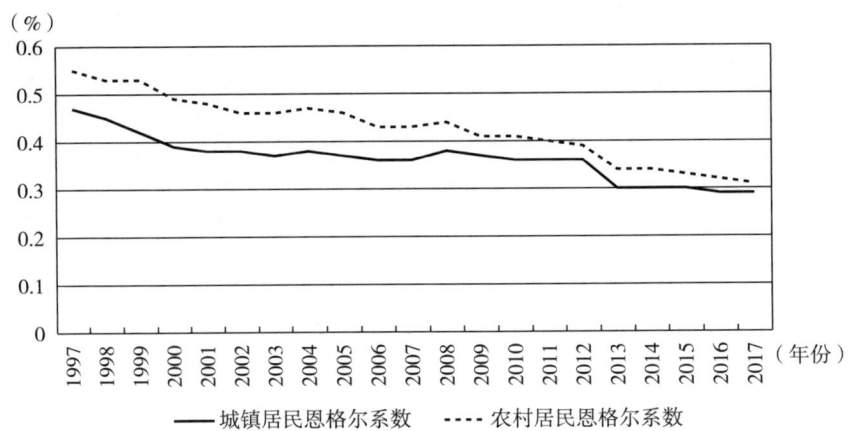

图1-5　中国城乡居民恩格尔系数变化情况（1997~2017年）

资料来源：历年《中国统计年鉴》。

从图1-5可以看出我国城乡居民恩格尔系数均呈逐年递减的趋势，符合恩格尔定律，且城乡恩格尔系数的差距呈现出逐年缩小的趋势。20世纪90年代以后，国家对城市建设的投入加大，城镇居民收入增加较快，同时，城镇居民住房、医疗等制度的改革，也增加了城镇居民的消费支出，而同期国家对农村居民的支持力度较弱。因此，城镇居民生活水平提高较快，而农村居民恩格尔系数则处于徘徊状态。21世纪以来，随着国家支农惠农力度的加大，以及城镇化进程的推进，居民生活水平整体得到改善，城乡居民恩格尔系数均显著下降。

2. 人均食物消费支出

从食物消费支出的绝对数来看（见图1-6），1997~2016年我国城镇居民食物消费支出逐年递增（只有1998年和2013年略有下降），与1997年相比，2016年城镇居民食物消费支出增长了81.9%；农村居民食物消费支出也逐年递增，与

1997年相比，2016年农村居民食物消费支出增长了84%；可见农村居民食物消费支出的增长幅度高于城镇居民食物消费支出。这表明在过去的20年，随着我国城乡居民收入的提高和生活条件的改善，居民的总体食物消费水平在不断提高。

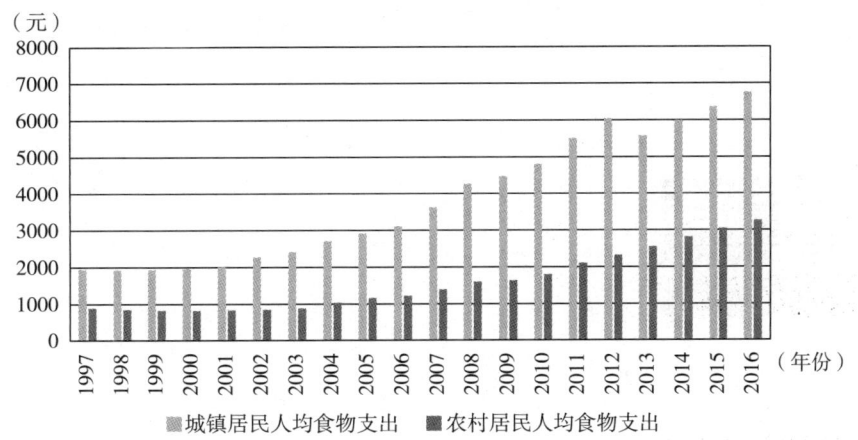

图1-6 城乡居民人均食物消费支出（1997~2016年）

资料来源：历年《中国统计年鉴》。

二、居民主要食物消费变化

近20年来，我国居民的食物消费水平和食物消费结构发生了很大的变化。除人均粮食消费量总体呈下降趋势外，其他类别食物的人均消费量均以不同的程度增加。各类食物消费比重也不断发生变化：粮食作为生活必需品在食物消费总量中的比重不断降低；奶制品、水产品的消费量所占比重快速提高；蔬菜和肉类等食物的消费量所占比重则趋于稳定。

(一) 粮食

改革开放以来，我国居民粮食消费量的变化在 1997～2016 年呈现波动递减的趋势，2016 年我国居民人均粮食消费量为 157.2 千克，较 1997 年的 250.7 千克下降了 59%。人均粮食消费量的递减，表明随着我国居民生活水平的提高，对于口粮的需求量逐步下降，转而增加其他食物的消费量。分品种来说，谷物消费量呈现逐年下降的趋势，而薯类和豆类消费量则呈现缓慢上升的趋势。这里需要说明的是，本书所使用的粮食消费数据来源于历年《中国统计年鉴》，由于统计口径的改变，在 2012 年及以前粮食分品种统计的是小麦、稻谷和大豆的消费量；而 2013 年及以后粮食消费量分品种统计的是谷物、豆类、薯类的消费量，导致统计量有些微的区别。如图 1-7 所示。

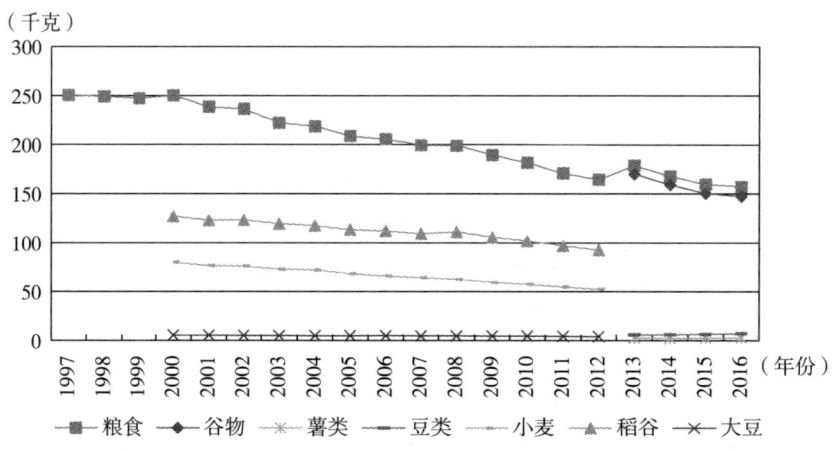

图 1-7　1997～2016 年中国人均粮食消费量变化情况

资料来源：历年《中国统计年鉴》。

（二）蔬菜

近 20 年来，我国居民蔬菜消费量呈现增加—减少—增加的趋势，变化大体上呈"V"字型。自 2002 年以来，我国居民人均蔬菜消费量达到峰值 110.55 千克以后，蔬菜的消费量呈下降趋势，并在 2012 年达到最低值 84.72 千克，之后开始回升，呈增加趋势，2016 年我国居民人均蔬菜消费量为 91.5 千克。如图 1-8 所示。

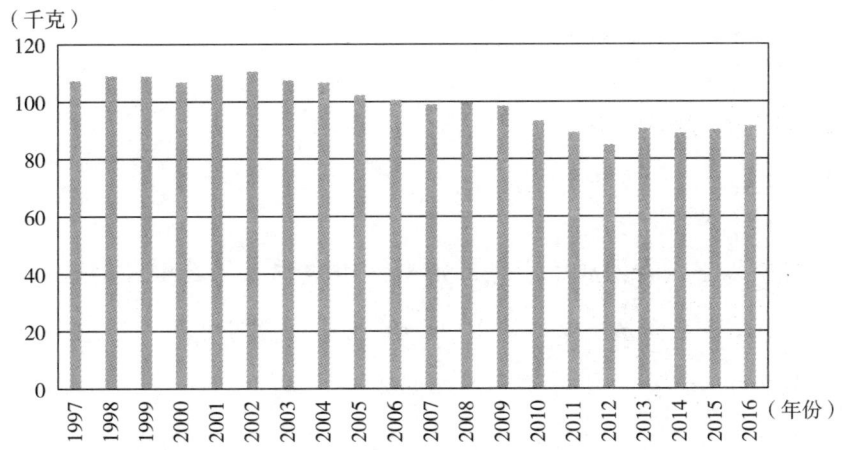

图 1-8　1997~2016 年中国人均蔬菜消费量变化情况

资料来源：历年《中国统计年鉴》。

（三）水果

改革开放以来，我国居民的水果消费量呈增加态势，但我国居民的水果消费水平起点较低，增加幅度较小。2000 年，我国人均水果消费量仅 18.31 千克，2016 年则上升至 33.8 千克。如图 1-9 所示。

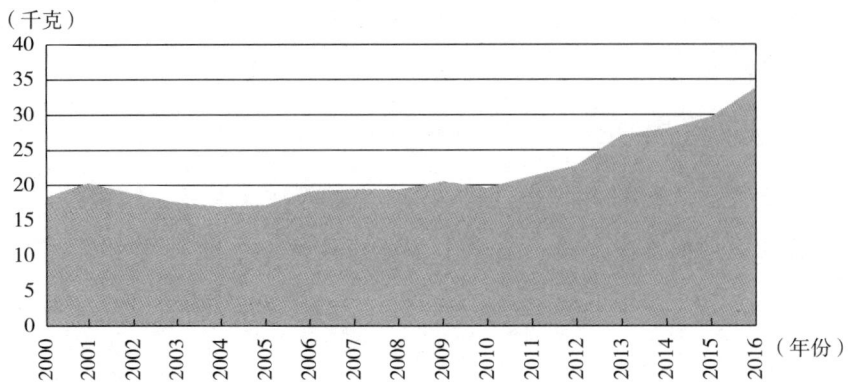

图1-9　2000~2016年我国居民人均水果消费量变化情况

资料来源：历年《中国统计年鉴》。

（四）肉类

改革开放以来，我国居民肉类的消费量也呈现出显著增长趋势，猪、牛、羊、禽肉合计人均消费量从1997年的15.08千克，增加到2016年的22.7千克。其中猪肉从2000年的13.28千克，增加到2016年的18.7千克，牛肉从0.52千克增加到0.9千克，羊肉从0.61千克增加到1.1千克，禽肉从2.81千克增加到7.9千克。如图1-10所示。

各种肉类消费量所占比重也发生了显著变化。猪肉所占比重呈下降趋势，从2000年的77.12%，下降到2016年的65.39%，下降了11.73个百分点；牛肉和羊肉所占比重变化不大，2016年所占比重分别为3.15%和3.85%；禽肉所占比重增加较大，从2000年的16.32%增加到2016年的27.62%，增长近11.3个百分点（见图1-11）。猪肉比重的下降和其他肉类比重的上升，表明我国居民肉类消费逐渐趋向多样化，对高蛋白、低脂肪且耗粮少的牛、羊肉和禽肉的消费倾向开始逐渐增加。

第一章 我国居民食物消费结构变迁

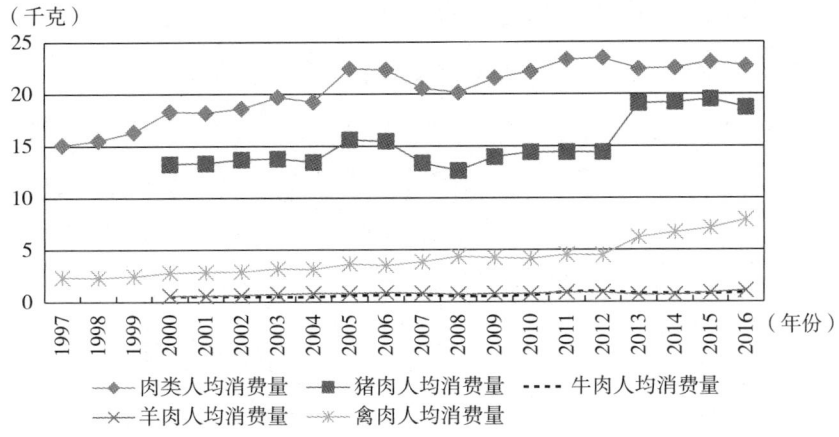

图1-10 1997~2016年中国人均肉类消费量变化情况

资料来源：历年《中国统计年鉴》。

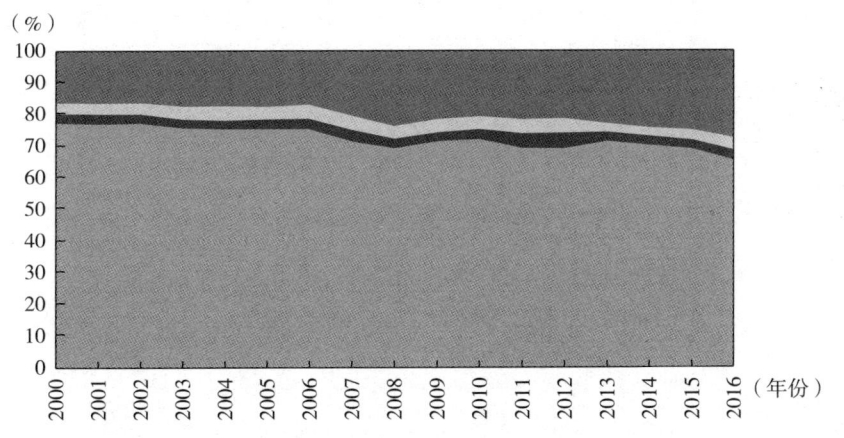

图1-11 2000~2016年中国人均肉类消费量占比

资料来源：历年《中国统计年鉴》。

（五）水产品

水产品是海洋和淡水渔业生产的水产动植物产品及其加工产品的总称。主要包括捕捞和养殖生产的鱼、虾、蟹、贝、藻类、海兽等鲜活品,以及经过冷冻、腌制、干制、熏制、熟制、罐装和综合利用的加工产品等。近20年来,我国居民人均水产品消费呈显著增长趋势。人均消费量由2000年的3.92千克,增加到2016年的7.5千克。21世纪以来,我国人均水产品消费显著增加。如图1-12所示。

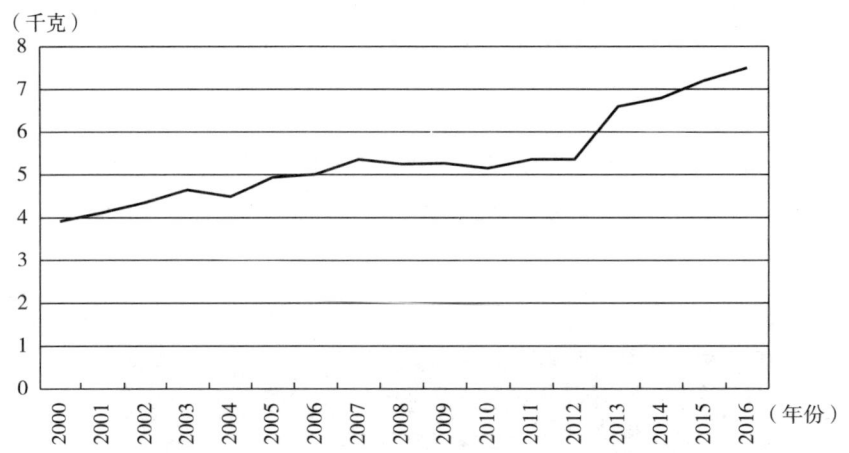

图1-12　2000~2016年中国人均水产品消费量变化情况

资料来源：历年《中国统计年鉴》。

(六) 奶类

奶类是指鲜奶以及所有以奶为主要原料制成的产品的总称,包括原料奶、巴氏消毒奶、超高温灭菌奶、酸奶、奶粉、炼乳、黄油、冰淇淋、雪糕、干酪等产品。改革开放以来,我国奶类消费量总体呈增加趋势。2000年以后呈较快增长趋势,到2016年人均奶类消费量为6.6千克。我国奶制品消费水平起点较低,起步较晚,目前仍处于增长趋势。如图1-13所示。

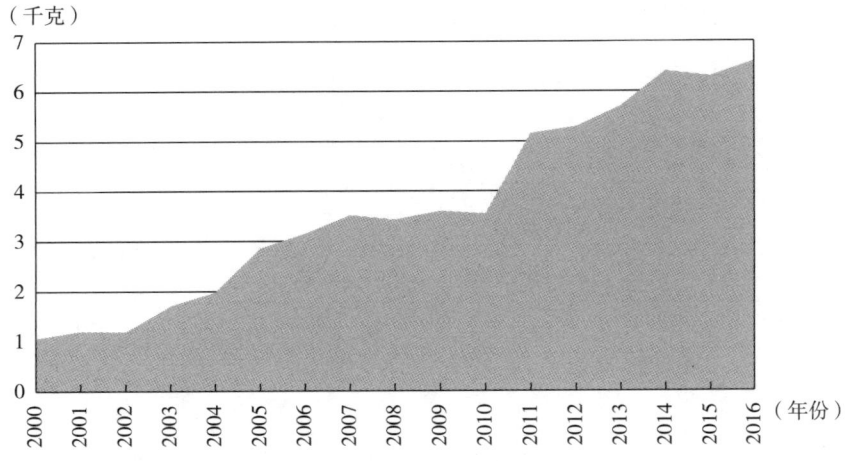

图1-13 2000~2016年中国人均奶类消费量变化情况

资料来源：历年《中国统计年鉴》。

三、居民食物营养结构变化趋势

随着食物消费的发展，我国传统的饮食模式也在调整和变化，并体现在食物营养结构的变化中。食物营养结构的变化可以由动植物类食物在食物总消费中的占比变化来说明。改革开放以来，我国居民动物类食物消费量占比逐渐增加，植物类食物在食物消费总量中所占比重虽有下降，但始终保持较高水平。

（一）热量

中国居民的传统膳食以植物性食物为主，谷类、薯类和蔬菜的摄入量较高，肉类的摄入量较低，豆制品总量不高。此种膳食结构的特点是：高碳水化合物（我国南方居民多以大米为主食，北方以小麦粉为主食，谷类食物的供能比例占70%以上）、高膳食纤维（食物和蔬菜中所含的膳食纤维丰富，因此我国居民对膳食纤维的摄入量也很高,这是我国传统膳食具备的最大优势之一)以及低动物脂肪(我国居民传统膳食中对动物性食物的摄入量很少,动物脂肪的供能比例一般在50%以下)。

从图1-14可以看出,中国居民的热量供应量从1994年的2604焦耳/天,增加到2013年的3108焦耳/天,这与我国经济社会的高速发展有关,传统的食物消费结构已经潜移默化地发生了变化,其中植物性食物占比截至2013年已经下降到76.74%,动物性食物占比增加到23.29%。

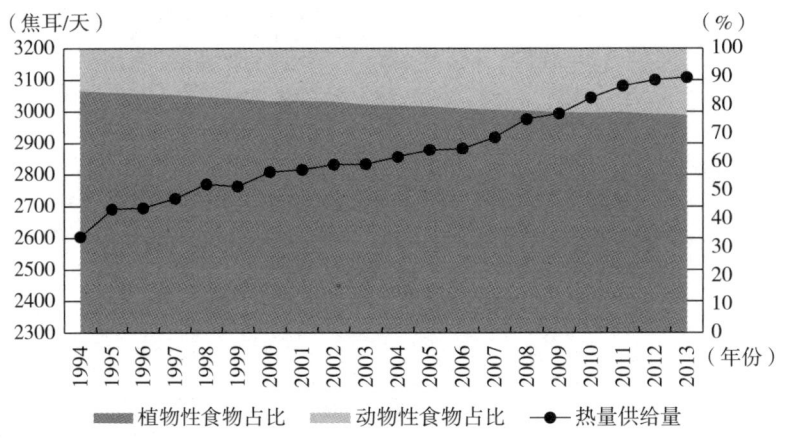

图1-14 中国居民热量供应量及其来源比例变化

资料来源:联合国粮农组织统计资料。http://www.fao.org/faostat/en/#data/FBS.

(二)蛋白质

蛋白质供应量从1994年的73.03毫克/天,增加到2013年的98.02毫克/天,在蛋白质的食物来源结构中,来自动物性食物的供给比例基本保持在截至2013年已达到的40.07%的水平,动植物所提供的蛋白质比例基本上可以维持在各占一半的水平上。如图1-15所示。

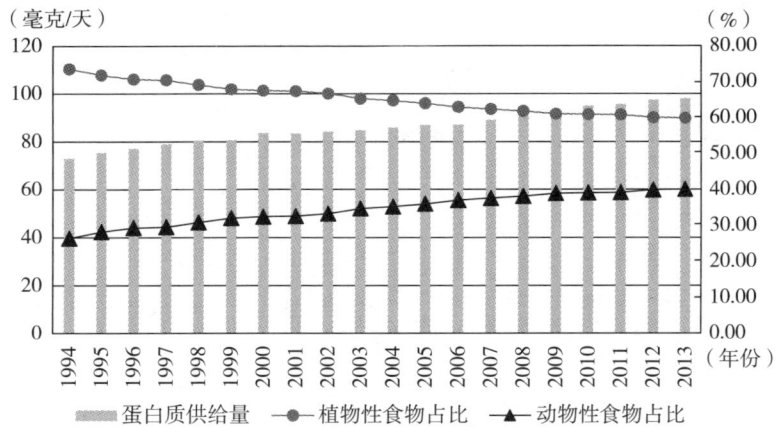

图1-15 中国居民蛋白质供应量及食物来源比例变化

资料来源：联合国粮农组织统计资料。http://www.fao.org/faostat/en/#data/FBS.

（三）脂肪

中国居民脂肪供应量同样呈现出逐年上升的趋势，从1994年的62.26毫克/天，上升到2013年的95.12毫克/天，其中动物性食物占比逐年上升，植物性食物占比逐年下降，截至2013年动物性食物占比为61.75%，植物性食物占比为38.24%。如图1-16所示。

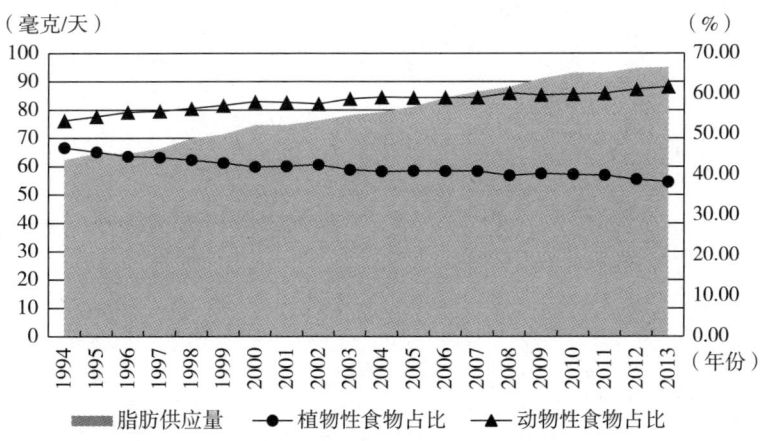

图1-16 中国居民脂肪供应量及其食物来源比例变化

资料来源：联合国粮农组织统计资料。http://www.fao.org/faostat/en/#data/FBS.

从总体上看，我国居民的膳食结构在传统理论的指导下，以植物性食物为主，动物性食物为辅，荤素结合，各种营养素的配比比较平衡，但与我国膳食营养指南推荐的营养素摄入量相比，仍然有一定的差距。

四、东、中、西、东北地区饮食消费变迁

（一）城乡居民消费支出水平变化

1. 城镇居民消费支出水平变化

东、中、西及东北四个地区①城镇居民人均消费总支出水平均呈上升趋势，全国居民人均消费总支出水平的上升趋势与此保持一致。东部地区城镇居民人均消费总支出水平远远高于其他三个地区及全国城镇居民水平，从 2002 年的 7333 元上升至 2016 年的 26946 元，涨幅达 367%。虽然在中部、西部及东北部三个地区，城镇居民人均消费总支出水平均低于同期全国水平，但是涨幅较大，三个地区的涨幅均超过 300%，其中东北地区的涨幅达 435%，为所有地区最高。如图 1-17 所示。

东、中、西、东北四个地区及全国城镇居民人均食品消费支出整体呈现出上升趋势，2014 年四个地区均较前一年出现下跌，但随后在 2015 年和 2016 年均继续上升。与城镇居民人均消费总支出水平一样，东部地区城镇居民人均食品消费支出水平远远高于其他三个地区及全国水平，从 2002 年的 2812 元上升至 2016

---

① 本书根据现有数据，将国内 31 个省份（除港澳台地区）划分为东、中、西及东北四个地区，东部包括北京、天津、河北、上海、江苏、浙江、福建、山东、广东、海南 10 个省份，中部包括山西、安徽、江西、河南、湖北、湖南 6 个省份，西部包括广西、重庆、四川、贵州、云南、陕西、宁夏、新疆、甘肃、青海、西藏、内蒙古 12 个省份，东北为辽宁、吉林和黑龙江 3 省。

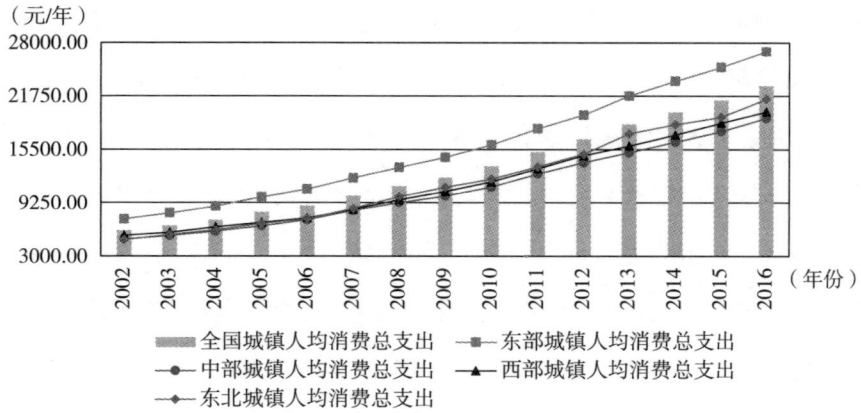

图1-17 东、中、西、东北地区及全国城镇居民人均消费总支出变化

资料来源：历年《中国统计年鉴》。

年的7738元，涨幅达275%。西部地区城镇居民人均食品消费支出居四个地区中的第二位，但依然低于全国水平，该地区从2002年的2046元上升到2016年的6231元，涨幅超过300%。中部及东北地区为涨幅最高的两个地区，分别为309%和321%。如图1-18所示。

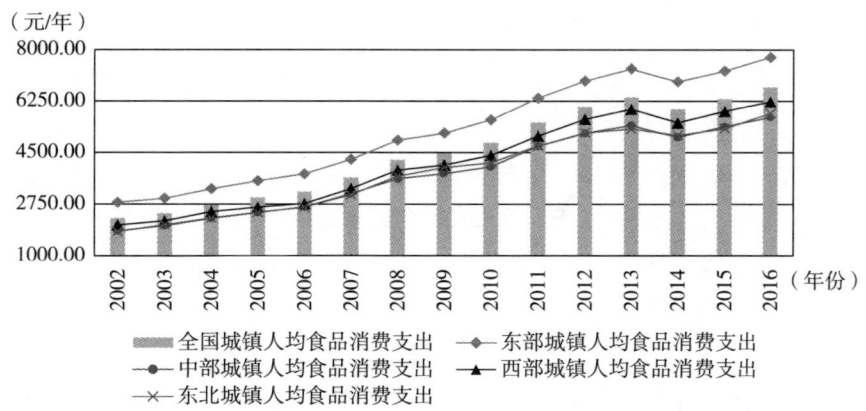

图1-18 东、中、西、东北地区及全国城镇居民人均食品消费支出变化

资料来源：历年《中国统计年鉴》。

东、中、西、东北地区及全国城镇居民恩格尔系数均呈现整体下降趋势，2007 年、2008 年和 2011 年三年均出现较前一年上升的情况，不过随后继续下降。除西部地区 2008 年城镇居民恩格尔系数达 40.69%，超过联合国划分的 40% 富裕线，处于小康水平之外，所有地区及全国城镇居民自 2002 年以来均处于相对富裕水平。东北地区自 2010 年开始，城镇居民恩格尔系数低于东部地区并为四个地区最低，在 2014 年与东部地区同时低于 30% 最富裕线，处于富足水平。全国城镇居民恩格尔系数从 2015 年开始低于 30% 最富裕线，处于富足水平。中部地区城镇居民恩格尔系数达到 29.78%，跨入富足水平行列。如图 1-19 所示。

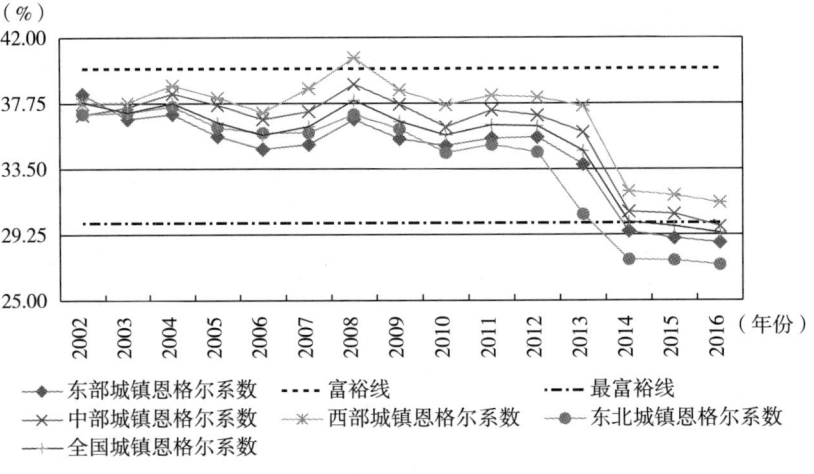

图 1-19 东、中、西、东北地区及全国城镇居民恩格尔系数变化

资料来源：历年《中国统计年鉴》。

2. 农村居民消费支出水平变化

东、中、西、东北地区及全国农村居民人均消费总支出逐年增长，东部地区农村居民人均消费总支出水平远远超过其他三个地区及全国水平，从 2002 年的

2439元增长5倍达到2016年的12218元。西部地区增长速度最快,增长幅度接近600%。中部与东北地区水平相当,2016年,分别为9608元和9633元。如图1-20所示。

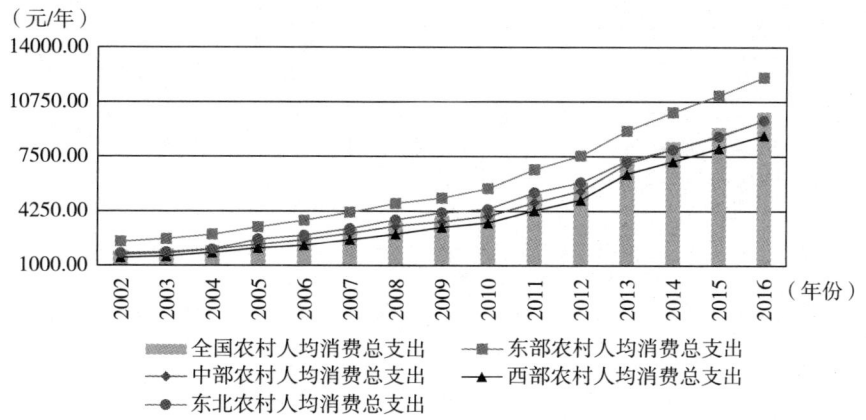

图1-20 东、中、西、东北地区及全国农村居民人均消费总支出变化

资料来源:历年《中国统计年鉴》。

东、中、西、东北地区及全国农村居民人均食品消费支出整体呈现上升趋势,东北地区在2013年出现下降趋势,但随后又回到上升趋势。东部地区是唯一一个农村居民人均食品消费支出的增长幅度超过400%的地区,达到420%,并且农村居民人均食品消费在2016年达到4386元,超过排名第二的中部地区45个百分点。东北地区自2013年农村人均食品消费水平出现下降之后,连续四年排名四个地区最后一位,而西部地区的农村居民人均食品消费支出水平从2012年开始与中部地区基本保持一致。如图1-21所示。

东、中、西部及东北地区农村居民恩格尔系数整体呈现下降趋势,东北地区农村居民恩格尔系数波动较大,在2004年、2007年、2010年和2011年出现上升情况,但自2005年开始,东北地区一直为四个地区农村居民恩格尔系数最低

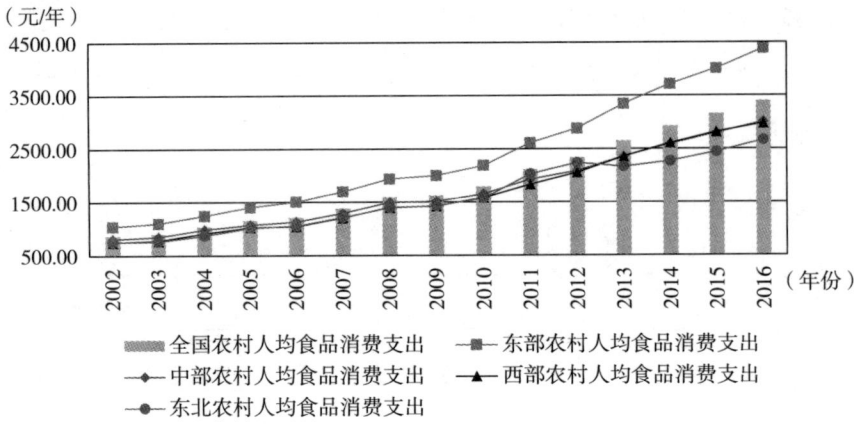

图 1-21 东、中、西、东北地区及全国农村居民人均食品消费支出变化

资料来源：历年《中国统计年鉴》。

区域，并在 2013 年首次低于 30%，成为唯一一个全体居民均实现富足水平的地区。东部和中部两个地区在 2012 年实现农村居民恩格尔系数低于 40% 达到相对富裕水平，而西部地区也在随后一年实现农村居民相对富裕。如图 1-22 所示。

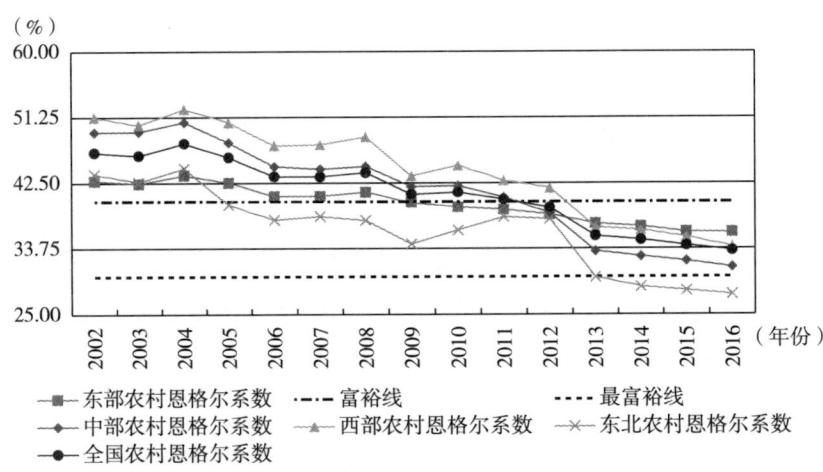

图 1-22 东、中、西、东北地区及全国农村居民恩格尔系数变化

资料来源：历年《中国统计年鉴》。

(二) 居民粮食消费量变化

1. 城乡居民粮食消费总量变化

由于人口数量差距较大，东、中、西、东北地区城镇居民粮食消费总量差异明显。除东北地区之外，其他三个地区2015年和2016年较2005年和2006年均增长两倍以上，西部地区增长幅度达到234%为四个地区最高。东北地区也同样是四个地区中唯——个2016年较2015年城镇居民粮食消费总量下降的地区。东部地区2005年城镇居民粮食消费总量为1767.24万吨，2016年城镇居民粮食消费总量为3757.87万吨，增长了1990.63万吨，年增长率为7.10%；中部地区2004年城镇居民粮食消费总量为1039.05万吨，2016年城镇居民粮食消费总量为2129.83万吨，增长了1090.78万吨，年增长率为6.74%；西部地区2005年城镇居民粮食消费总量为938.78万吨，2016年较其增长1254.43万吨达到2193.83万吨，年增长率为8.02%为四个地区最高；东北地区城镇居民粮食消费总量年增长率为四个地区最低，从2005年的511.55万吨增长到2016年的858.94万吨，年增长率仅为4.82%。如图1-23所示。

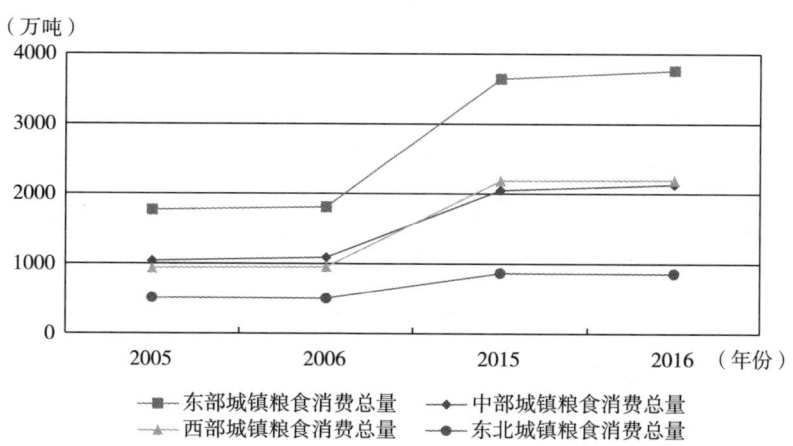

图1-23 东、中、西、东北地区城镇居民粮食消费总量变化

资料来源：历年《中国统计年鉴》。

从数量上看,东、中、西、东北四个地区的农村居民粮食消费总量均减少,与城镇居民粮食消费总量不同的是,东、中、西三个地区的农村居民粮食消费总量基本保持一致,这与三个地区的农村人口数量较为接近有关。东部地区农村居民粮食消费总量在2000年为6873.16万吨,到2016年时仅为2634.73万吨,相对2000年下降61.67%,年下降率5.82%。中部地区2000年农村居民粮食消费总量为6778.58万吨,2016年为2689.16万吨,下降4089.42万吨,年下降率5.61%。西部地区2000年农村居民粮食消费总量为6111.00万吨,2016年为3191.64万吨,下降47.77%,年下降率为3.98%为四个地区最低。东北地区2000年农村粮食消费总量为1260.88万吨,2016年为644.01万吨,年下降率为4.11%。如图1-24所示。

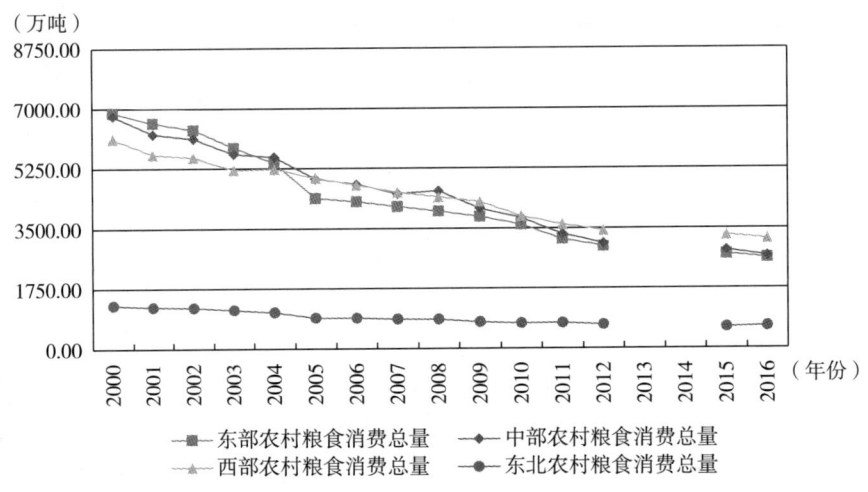

图1-24 东、中、西、东北地区农村居民粮食消费总量变化

资料来源:历年《中国统计年鉴》。

由于城镇化建设的推进,农村居民减少,而城镇居民增多,城乡粮食消费总量也呈现出相反的变化趋势,农村地区消费总量不断下降,城镇地区消费总量不

断攀升。东部和东北地区 2016 年城镇化率位居前两位，均超过 60%，两地区的城镇居民粮食消费总量也超过农村居民粮食消费总量，中部和西部地区城镇化率略低，城镇居民粮食消费总量低于农村地区居民粮食消费总量。

2. 城乡居民人均粮食消费量变化

东、中、西、东北四个地区的城镇人均粮食消费量在 2016 年较 2005 年均出现较大幅度增长。东部地区 2005 年城镇居民人均粮食消费量为 72.16 千克，2016 年为 107.63 千克，增长 49.16%，年增长率为 3.70%，且这两个年份的城镇居民人均粮食消费量均为四个地区最低水平。与东部地区相反的是，东北地区城镇居民人均粮食消费量一直处于四个地区最高水平，该地区从 2005 年的 86.26 千克增长到 2016 年的 127.66 千克，年增长率 3.63%。中部地区 2005 年城镇居民人均粮食消费量为 80.86 千克，2016 年为 109.95 千克，年增长率 2.83% 为四个地区最低。西部地区城镇居民人均粮食消费量年增长率达到 4.04% 为四个地区最高，该地区从 2005 年的 75.57 千克增长到 2016 年的 116.78 千克，增长幅度为 54.54%，且在 2016 年城镇居民人均粮食消费量超过中部地区，仅次于东部地区。如图 1-25 所示。

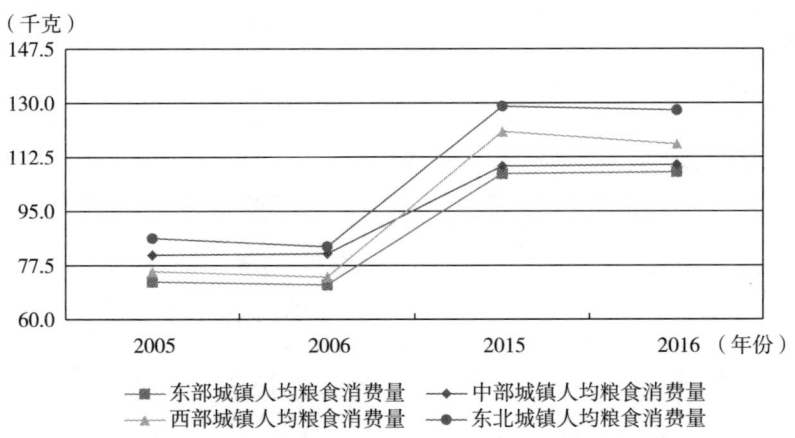

图 1-25　东、中、西、东北地区城镇居民人均粮食消费量变化

资料来源：历年《中国统计年鉴》。

与城镇居民不同的是,东、中、西、东北四个地区的农村居民人均粮食消费量近年来出现下降态势。中部地区下降速度最快,该地区2000年农村居民人均粮食消费量为274.83千克,2016年为155.09千克,下降幅度43.57%,年下降率3.51%,为四个地区最高。东部地区农村居民人均粮食消费量从2000年的242.98千克下降到2016年的146.07千克,年下降率3.13%居四个地区第二位。西部地区2000年农村人均粮食消费量为238.30千克,该水平当年位于中部和东部之后排第三位,而2016年农村人均粮食消费量下降到174.72千克,此时居于四个地区最高水平,其年下降率为2.04%,为四个地区最低。东北地区农村居民人均粮食消费量从2000年的231.85千克下降到2016年的154.00千克,年下降率2.52%。

与粮食消费总量变化趋势相同的是,东、中、西、东北地区城镇居民人均粮食消费量上升,而农村居民人均粮食消费量下降幅度较大。截至2016年,四个地区农村居民人均粮食消费量均大于各地区城镇居民人均粮食消费量,但两者之间的差距正在缩小。2000年,各地区农村居民人均粮食消费量均超过城镇居民两倍以上,2016年各地区农村居民人均粮食消费量已经超过城镇居民不足半成。如图1-26所示。

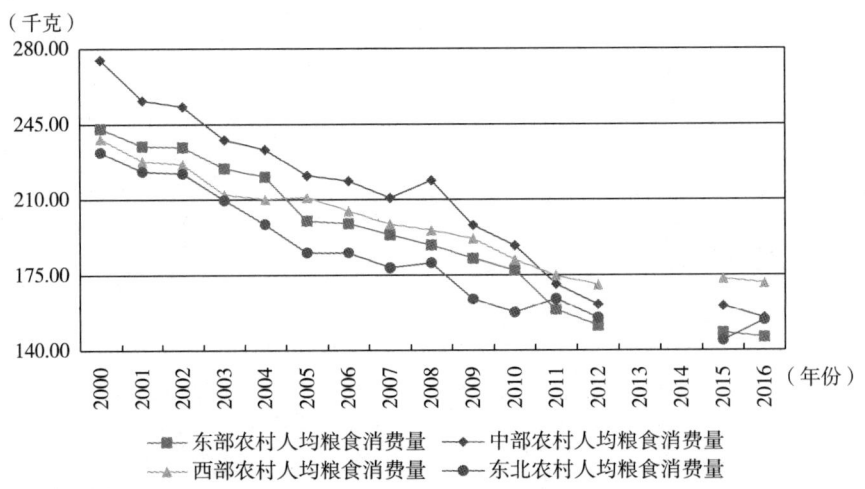

图1-26 东、中、西、东北地区农村居民人均粮食消费量变化

资料来源:历年《中国统计年鉴》。

(三) 居民蔬菜消费量变化

1. 城乡居民蔬菜消费总量变化

从数据上看，东、中、西部三个地区城镇居民蔬菜消费总量均出现增长趋势，东北地区是唯一出现下降趋势的地区。东部地区城镇居民蔬菜消费总量增长幅度最大，2005 年该地区城镇居民蔬菜消费总量为 2642.78 万吨，2016 年为 3619.11 万吨，增长 976.33 万吨，年增长率为 2.90%。中部地区 2005 年城镇居民蔬菜消费总量为 1546.10 万吨，2016 年为 2028.91 万吨，增长幅度为 31.23%，年增长率 2.50%。西部地区城镇居民蔬菜消费总量增长幅度最大，从 2005 年的 1522.52 万吨增长到 2016 年的 2167.78 万吨，涨幅 42.38%，年增长率 3.26%，2016 年总量超过中部地区。东北地区城镇居民蔬菜消费量 2016 年较 2005 年出现下降，2016 年为 761.95 万吨，年下降率 0.69%。如图 1-27 所示。

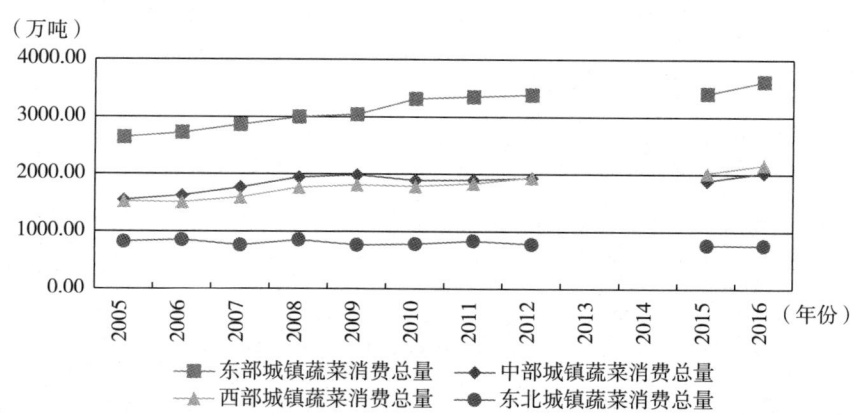

图 1-27 东、中、西、东北地区城镇居民蔬菜消费总量变化

资料来源：历年《中国统计年鉴》。

农村居民蔬菜消费总量情况与城镇不同，四个地区均出现下降趋势。东北地区下降幅度最大，该地区 2000 年农村居民蔬菜消费总量为 779.95 万吨，2016 年

为381.0万吨,下降幅度达51.09%,年下降率4.37%。其次是中部地区,2000年中部地区农村居民蔬菜消费总量为3241.63万吨,2016年为1618.153万吨,年下降率为4.25%。西部地区下降幅度最小,2000年该地区农村居民蔬菜消费总量为2889.51万吨,2016年为1717.65万吨超过其他地区排名第一,年下降率为3.20%。东部地区从2000年的2940.73万吨,下降45.26%到2016年的1609.63万吨。如图1-28所示。

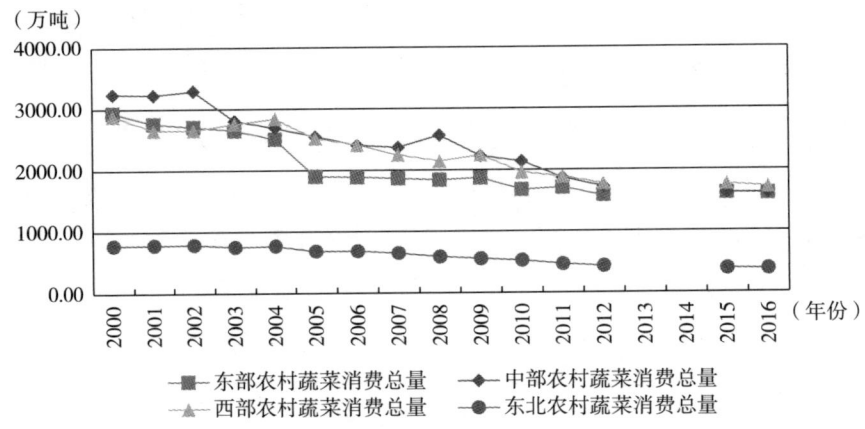

图1-28 东、中、西、东北地区农村居民蔬菜消费总量变化

资料来源:历年《中国统计年鉴》。

农村居民蔬菜消费总量不断减少,与此同时,城镇居民(除东北地区)蔬菜消费总量却发生增长,除东北地区之外的所有地区,城镇居民蔬菜消费总量均较该地区农村居民蔬菜消费总量出现反超,而东北地区城镇居民蔬菜消费总量一直大于农村居民蔬菜消费总量。

2. 城乡居民人均蔬菜消费量变化

各地区城镇居民人均蔬菜消费量变化均较大,从整体上看,均有下降趋势,但中间波动较大。东北地区在2008年和2011年出现两次较大幅度的波动,均较上一年出现较大比例的增长,该地区 2005 年城镇居民人均蔬菜消费量为 138.62 千克,2016 年为 113.25 千克,年下降率 1.82% 为四个地区最高水平。东部地区的变化较为缓和,除 2007 年、2008 年和 2016 年出现小幅上升之后,其余年份均较前一年出现下降,2016 年城镇居民人均蔬菜消费量 103.66 千克为所有地区最低,年下降率仅为 0.36%。西部地区的降幅同样较小,2016 年城镇居民人均蔬菜消费量 115.43 千克,比 2000 年下降 5.82%,年下降率 0.54%。中部地区在 2007~2009 年出现三年连增,2016 年也较前一年出现上升,该年度城镇居民人均蔬菜消费量为 104.74 千克,较 2000 年下降 12.95%,年下降率 1.25%。如图 1-29 所示。

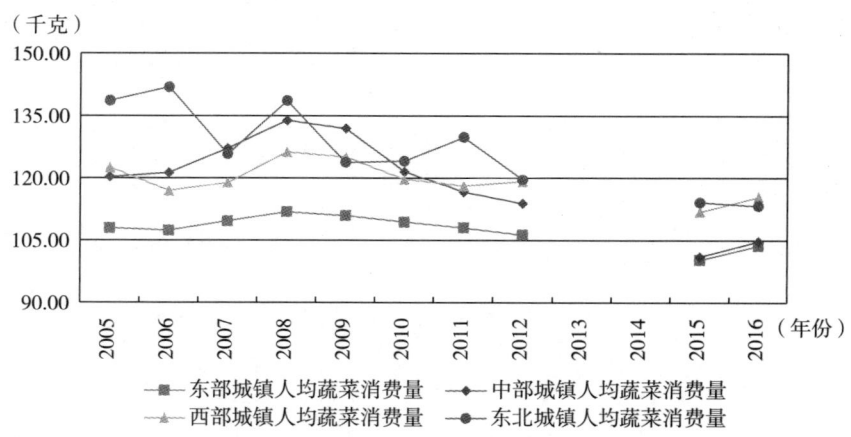

图 1-29　东、中、西、东北地区城镇居民人均蔬菜消费量变化

资料来源:历年《中国统计年鉴》。

东、中、西、东北四个地区农村居民人均蔬菜消费量整体呈现下降趋势,且波动幅度较小,中部地区 2003 年和东部地区 2005 年出现两次大幅度下降,以及中部地区 2008 年出现一次大幅度上升,其余年份均变化不大。2000~2012 年,东北地区农村人均蔬菜消费量一直位于四个地区的最高水平,该地区 2016 年农村居民人均蔬菜消费量 91.23 千克,较 2000 年下降 36.39%,是下降幅度最大的

地区，年下降率2.79%。东部地区的农村居民人均粮食消费量则一直处于最低水平，2016年农村居民人均蔬菜消费量为89.24千克，较2000年下降14.72千克，年下降率0.95%。中部地区下降幅度也较大，2016年该地区农村居民人均蔬菜消费量93.33千克，比2000年下降28.99%，年下降率2.12%。西部地区2000年农村居民人均蔬菜消费量112.68千克，2016年为92.18千克，年下降率1.25%。如图1-30所示。

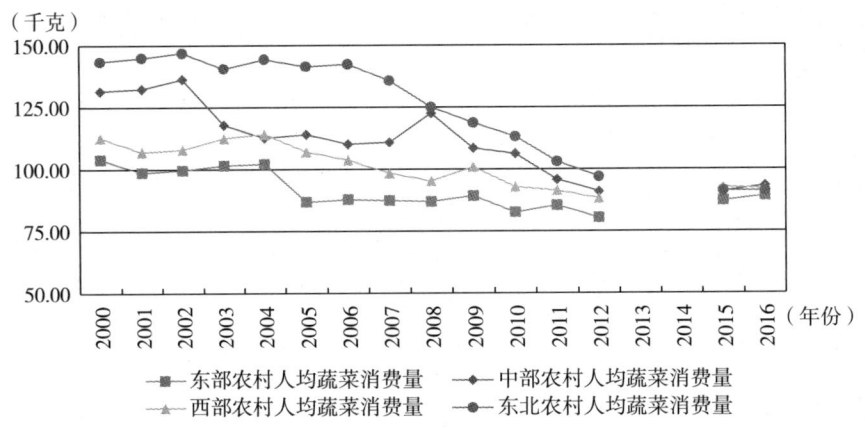

图1-30 东、中、西、东北地区农村居民人均蔬菜消费量变化

资料来源：历年《中国统计年鉴》。

四个地区城乡居民人均蔬菜消费量均出现下降趋势，城乡对比中四个地区却出现了不同的情况，2000年中部和东北两个地区的城镇居民人均蔬菜消费量小于农村居民人均蔬菜消费量，东部和西部呈现相反情况。2016年，四个地区城镇居民人均蔬菜消费量均超过农村居民人均蔬菜消费量。

(四) 居民蛋类消费量变化

1. 城乡居民蛋类消费总量变化

东、中、西、东北四个地区城镇居民蛋类消费总量均实现增长态势。从数量上看，东部城镇增长最多，该地区 2005 年城镇居民蛋类消费总量 274.78 万吨，2016 年为 407.21 万吨，增长 132.43 万吨，增长幅度 48.19%，年增长率 3.64%。中部地区 2005 年城镇居民蛋类消费总量为 130.81 万吨，2016 年为 204.78 万吨，增长 73.97 万吨，涨幅 56.55%，年增长率 4.16% 为所有地区最高。西部地区 2005 年城镇居民蛋类消费总量为 99.75 万吨，2016 年为 151.75 万吨，年增长率 3.89%。东北地区为涨幅最小地区，2016 年城镇居民蛋类消费总量为 87.38 万吨，较 2005 年增长 12.56%，年增长率为 1.08%。如图 1 - 31 所示。

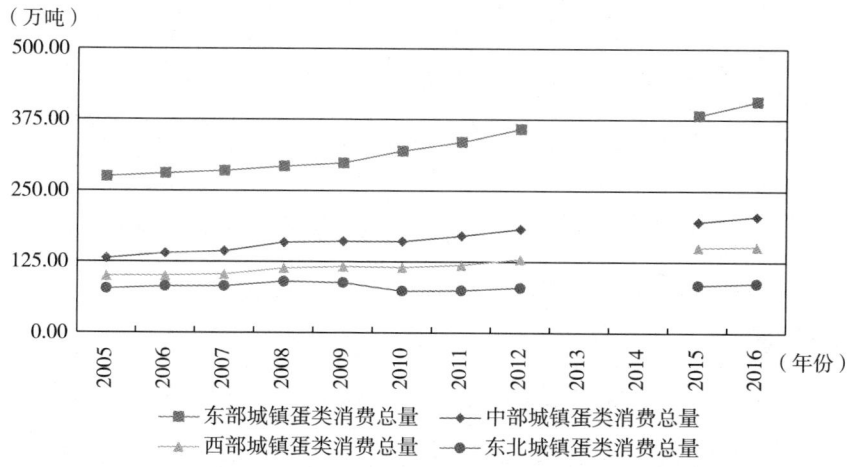

图 1 - 31　东、中、西、东北地区城镇居民蛋类消费总量变化

资料来源：历年《中国统计年鉴》。

由于城镇化进程的推进和农村人口的减少，农村居民蛋类消费总量则产生了与城镇居民不同的结果。东、中、西、东北四个地区中，东部和东北地区 2016 年较 2005 年出现下降，东部地区 2000~2005 年连续五年出现下降，且 2016 年农村居民蛋类消费总量为 187.15 万吨，较 2000 年下降 4.38%，年下降率

0.28%。东北地区下降幅度更大，该地区2016年农村居民蛋类消费总量为36.80万吨，降幅达18.79%，年下降率为1.29%。中、西部两地区则出现上升迹象，中部地区年增长率0.56%，西部地区年增长率3.64%。如图1-32所示。

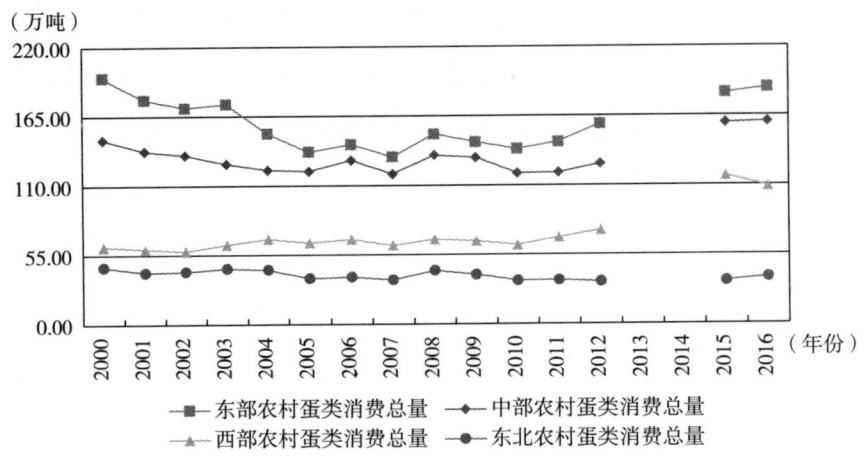

图1-32　东、中、西、东北地区农村居民蛋类消费总量变化

资料来源：历年《中国统计年鉴》。

除2000年中部地区的城镇居民蛋类消费总量低于农村居民消费总量外，其他时间前者均超过后者。且随着城市化进程的推进，城镇居民蛋类消费总量呈上升趋势，农村居民消费总量逐步减少，双方差距会进一步扩大。

2. 城乡居民人均蛋类消费量变化

城镇居民人均蛋类消费量在东、中、西部三个地区整体均呈现上升趋势，而东北地区则出现下降。东部地区2005年城镇居民人均蛋类消费量为11.22千克，2016年为11.66千克，增长0.44千克，年增长率为0.35%。中部地区涨幅略低于东部，该地区2016年城镇居民人均蛋类消费量为10.57千克，较2005年上升3.85%。西部地区上升幅度较小，2016年该地区城镇居民人均蛋类消费量为8.08千克，为四个地区最低，涨幅仅为0.63%。东北地区虽然是唯一出现下降的地区,但是该地区 2016 年城镇居民人均蛋类消费量为 12.99 千克,为四个地区最高水平,较 2005 年下降 0.78%。如图 1-33 所示。

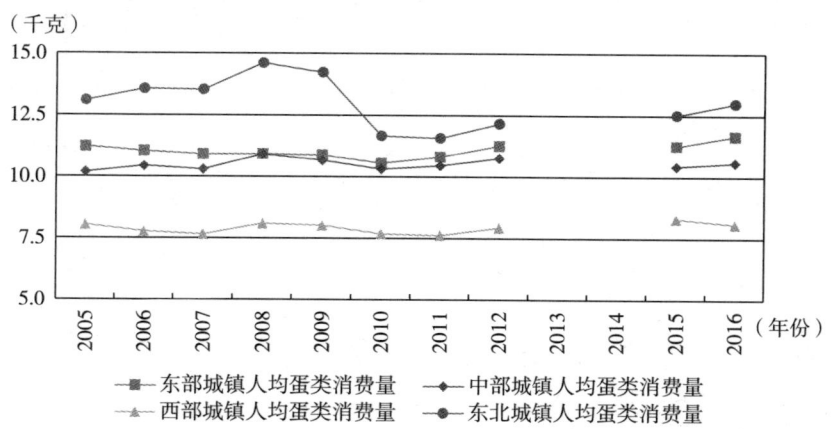

图 1-33　东、中、西、东北地区城镇居民人均蛋类消费量变化

资料来源:历年《中国统计年鉴》。

相较于 2000 年,四个地区 2016 年农村人均蛋类消费量均增加。东北地区 2008 年出现一次较大幅度上升,但随后两年均出现下降,且在随后几年分别被东部和中部超越,处于第三位水平,该地区 2016 年农村居民人均蛋类消费量为 8.80 千克,2000 年为 8.33 千克,增长 5.61%,涨幅在所有地区中最低。西部地区 2016 年农村居民人均蛋类消费量为 5.84 千克,虽然处于所有地区中的最低水平,但却是涨幅最大的地区,较 2000 年上升 143.83%,年增长率 5.73%。中、东部地区的增长幅度较为接近,东部地区年增长率 2.80%,略高于东部地区的 2.56%。如图 1-34 所示。

2000 年城镇居民人均蛋类消费量远在农村居民之上,中、西部地区城镇居民人均蛋类消费量更是超过农村居民 1 倍以上,但随着农村居民人均蛋类消费量的不断增加,城镇居民人均蛋类消费量变化不大,双方差距正在缩小,其中西部地区城镇居民已经比农村居民多出不到 40%。

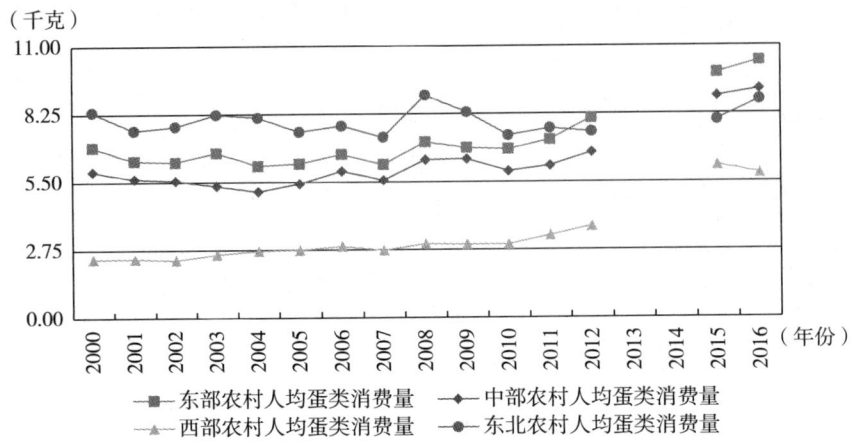

图1-34 东、中、西、东北地区农村居民人均蛋类消费量变化

资料来源:历年《中国统计年鉴》。

(五) 居民奶类消费量变化

1. 城镇居民奶类消费总量变化

除东北地区以外,四个地区的城镇居民奶类消费总量都出现增长。东部地区2016年城镇居民奶类消费总量为605.76万吨,2005年为493.48万吨,增长112.28万吨,年增长率为1.88%。中部地区2016年城镇居民奶类消费总量为266.93万吨,2005年为171.55万吨,年增长率为4.10%,增长幅度在四个地区中最高。西部地区2005年城镇居民奶类消费总量为232.43万吨,2016年为337.01万吨,上升到第二位,年增长率为3.44%。东北地区城镇居民奶类消费总量变化幅度较小,年下降率为0.12%,2016年较2005年仅下降1.45万吨。如图1-35所示。

2. 城镇居民人均奶类消费量变化

与城镇居民奶类消费总量变化不同的是,城镇居民人均奶类消费量变化幅度较大。除了中部地区,其他三个地区均下降。东部地区城镇居民人均奶类消费量

第一章 我国居民食物消费结构变迁

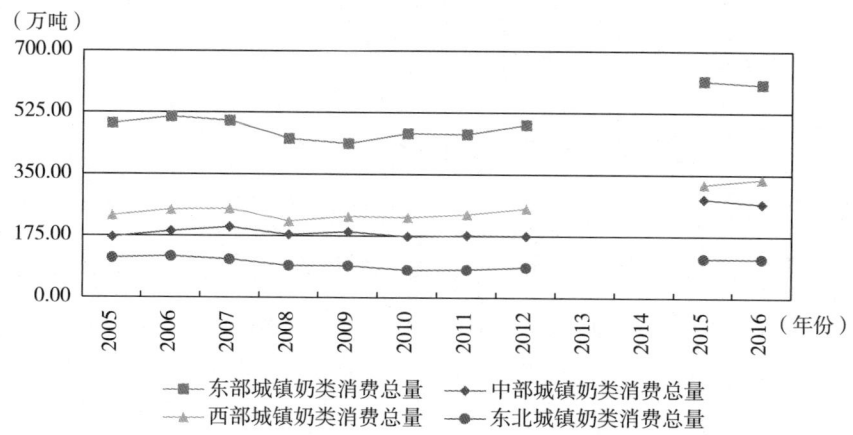

图1-35 东、中、西、东北地区城镇居民奶类消费总量变化

资料来源：历年《中国统计年鉴》。

下降幅度最大，2016年较2005年下降13.90%，年下降率为1.35%。东北地区城镇居民人均奶类消费量下降幅度位居第二，2016年为16.48千克，较2005年下降13.00%。西部地区下降幅度最低，年下降率仅为0.38%，因此在2016年超过东部地区成为城镇居民人均奶类消费量最高的地区。中部地区2016年城镇居民人均奶类消费量为13.78千克，为四个地区最低水平，年增长率为0.29%。如图1-36所示。

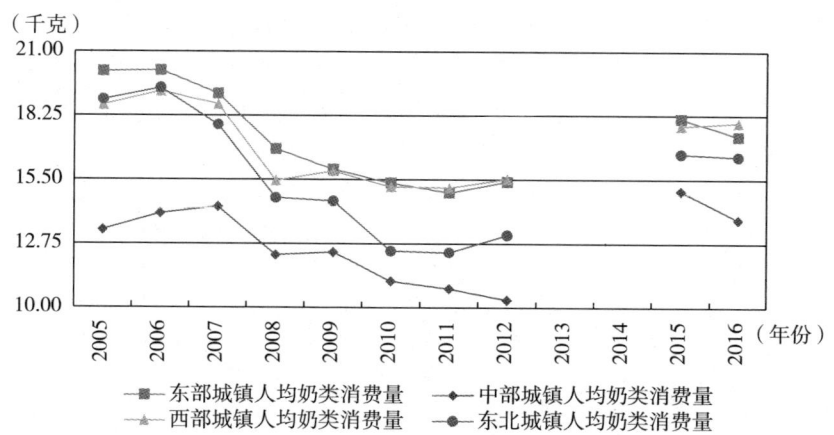

图1-36 东、中、西、东北地区城镇居民人均奶类消费量变化

资料来源：历年《中国统计年鉴》。

（六）居民猪、牛、羊肉消费量变化

1. 城乡居民猪、牛、羊肉消费总量变化

东、中、西、东北地区城镇猪、牛、羊肉消费总量整体均呈现上升趋势。东部地区城镇居民猪、牛、羊肉消费总量远远超过其他三个地区，该地区除2007年出现小幅度下降之后，其余年份均稳步上升，2016年东部地区城镇猪、牛、羊肉消费总量为838.03万吨，2005年为574.30万吨，增长263.73万吨，年增长率为3.50%。西部地区城镇居民猪、牛、羊肉消费总量的上涨幅度最大，2016年为555.73万吨，2005年为340.75万吨，上涨214.98万吨，年增长率4.55%。中部地区上涨幅度紧随其后，2016年城镇居民猪、牛、羊肉消费总量为432.75万吨，2005年为286.42万吨，年增长率3.82%。东北地区增长幅度最小，年增长率1.37%。如图1-37、图1-38所示。

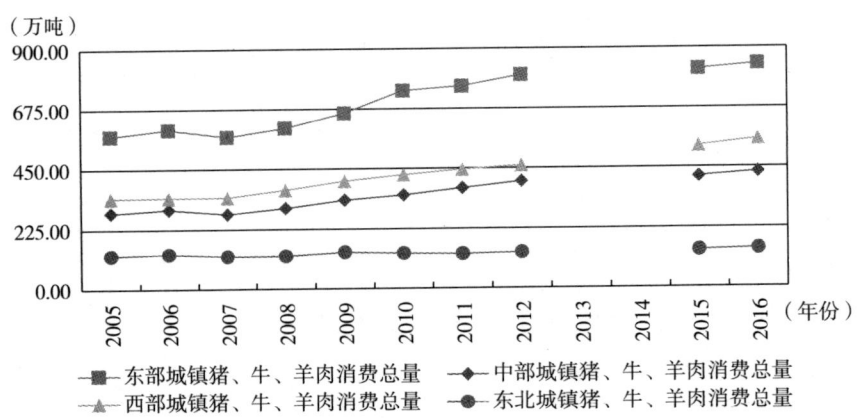

图1-37 东、中、西、东北地区城镇居民猪、牛、羊肉消费总量变化

资料来源：历年《中国统计年鉴》。

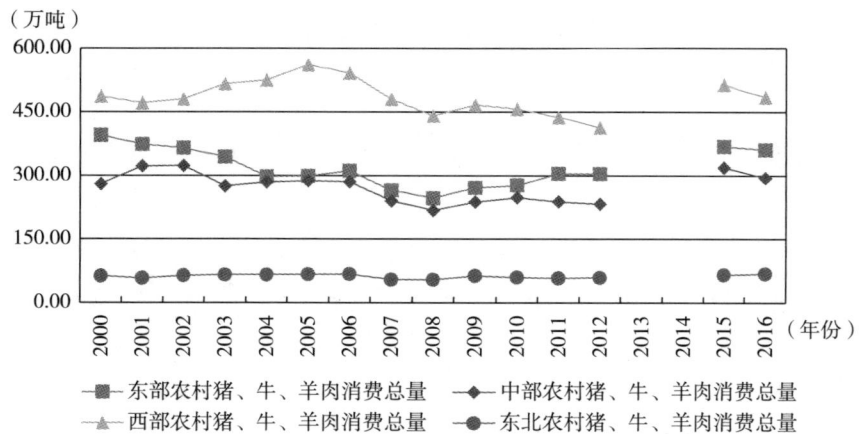

图1-38 东、中、西、东北地区农村居民猪、牛、羊肉消费总量变化

资料来源：历年《中国统计年鉴》。

农村猪、牛、羊肉消费总量变化幅度较大，除东北地区外，其他三个地区均出现增长与下降并存。东部地区2001~2005年出现四年连增，随后2005~2008年及2009~2012年又出现两次三年递减，整体来看，东部地区农村猪、牛、羊肉消费总量下降，年下降率0.56%。中部地区2016年农村猪、牛、羊肉消费总量较2005年上升，年增长率为0.31%。另一个同样出现增长趋势的是东北地区，年增长率为0.49%。西部地区则基本持平，2016年较2005年下降1.53万吨。

与其他三个地区不同的是，东北地区城乡居民猪、牛、羊肉消费总量变化均不明显，该地区城镇居民猪、牛、羊肉消费总量一直是农村地区的两倍以上。西部地区农村居民猪、牛、羊肉消费总量在2000年超过城镇居民，随着城镇居民消费总量的稳步上升，从2012年开始，农村居民猪、牛、羊肉消费总量被城镇居民赶超。

2. 城乡居民人均猪、牛、羊肉消费量变化

在居民人均猪、牛、羊肉消费量方面，历年来西部地区和东部地区一直居于前两位水平。2007年，四个地区均出现较前一年城镇居民人均猪、牛、羊肉消费量下降的情况。西部地区不仅人均水平最高，近年来增长趋势也最为显著，该

地区2016年城镇居民人均猪、牛、羊肉消费量为29.59千克，2005年为27.43千克，涨幅为7.88%。东北地区和东部地区的增长幅度相近，分别为2.39%和2.36%。中部地区变化幅度最小，2016年较2005年仅增长0.05千克，年增长率0.02%。如图1-39所示。

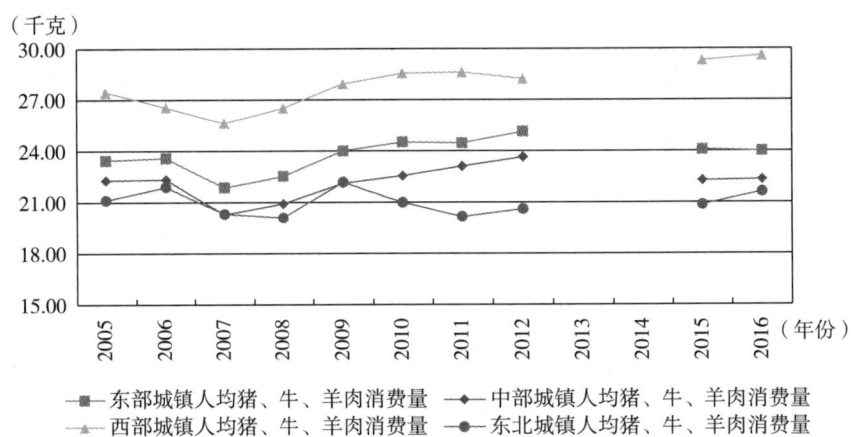

图1-39 东、中、西、东北地区城镇居民人均猪、牛、羊肉消费量变化

资料来源：历年《中国统计年鉴》。

与城镇居民相同的是，西部地区农村居民人均猪、牛、羊肉消费量一直是四个地区中的最高水平。西部地区农村居民人均猪、牛、羊肉消费量为26.01千克，2000年为18.96千克，年增长率2.00%。中部地区增长幅度最大，2016年农村居民人均猪、牛、羊肉消费量为16.98千克，2000年为11.36千克，涨幅49.49%，年增长率2.54%。东部地区增长幅度紧随其后，年增长率2.54%。东北地区农村居民猪、牛、羊肉消费量涨幅仅高于西部地区，年增长率2.16%。虽然增长幅度差距较大，但是东、中部及东北地区农村居民人均猪、牛、羊肉消费量水平基本一致。如图1-40所示。

2005年，四个地区城镇居民人均猪、牛、羊肉消费量均远在农村居民之上，其中，东北地区的城镇居民人均猪、牛、羊肉消费量更是超过农村居民80%以上，

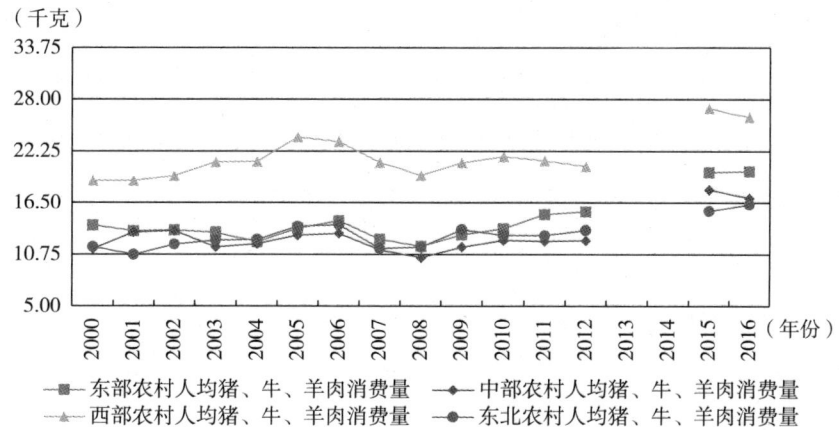

图 1-40 东、中、西、东北地区农村居民人均猪、牛、羊肉消费量变化

资料来源：历年《中国统计年鉴》。

随着农村居民人均猪、牛、羊肉消费量的增加，两者之间的差距在 2016 年缩小到 33%。和东北地区相似的是，其他三个地区的城乡差距也在进一步缩小，但是城镇居民人均猪、牛、羊肉消费量依然超过农村居民。

五、南北地区饮食消费变迁

（一）城乡居民人均消费支出水平变化

1. 城乡居民消费总支出变化

从数量上看，南方居民人均消费总支出一直高于北方居民。南北两个地区[①]

[①] 南北划分主要按照秦岭淮河南北分界线为依据，将西藏、四川、云南、重庆、贵州、广西、湖北、湖南、安徽、江苏、上海、浙江、江西、福建、广东、海南 16 个省份划分为南方，将黑龙江、吉林、辽宁、内蒙古、新疆、甘肃、青海、宁夏、陕西、山西、河北、北京、天津、山东、河南 15 个省份划分为北方。

城镇和农村居民人均消费总支出一直处于上升态势。从城镇居民的角度来看,北方居民增长幅度更大,该地区 2002 年城镇居民人均消费总支出为 5387.536 元,2016 年为 21472.25 元,2014 年增长 16084.288 元,年增长率为 10.38%;南方居民增长幅度略小,该地区 2002 年城镇居民人均消费总支出为 6467.983 元,2016 年为 23953.85 元,增长 17485.87 元,年增长率 9.80%。从农村角度来看,同样也是北方居民增长幅度更大,且两个地区的农村居民人均消费总支出增长幅度均超过城镇居民。北方农村居民人均消费总支出 2002 年为 1617.834 元,2016 年为 9279.875 元,增长 7662.041 元,年增长率为 13.29%;南方地区农村居民人均消费总支出 2002 年为 2029.701 元,2016 年为 10779.59 元,增长 8749.887 元,年增长率 12.67%。如图 1-41 所示。

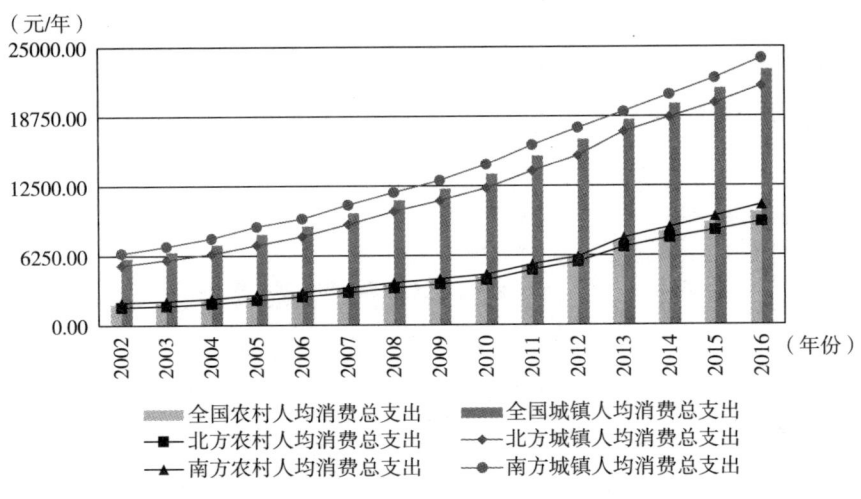

图 1-41 南北地区及全国城乡居民人均消费总支出变化

资料来源:历年《中国统计年鉴》。

2. 城乡居民人均食品消费支出变化

城乡居民人均食品消费支出与人均消费总支出略有不同,2014 年南北方城镇居民人均食品消费支出均出现一次下跌,且南方居民下跌幅度更大,该地区 2014 年城镇居民人均消费支出为 6515.894 元,低于 2012 年的 6704.658 元。不过南北两地的城乡居民人均食品消费支出整体上已然处于上升趋势,南方地区 2002 年城镇居民人均食品消费支出为 2564.087 元,农村居民为 983.844 元, 2016 年城镇居民人均食品支出为 7413.992 元,农村居民为 3728.539 元,城镇居民增长 4849.905 元,年增长率 7.88%,农村居民增长 2744.695 元,年增长率 9.98%。北方地区 2002 年城镇居民人均食品消费支出为 1878.693 元,农村居民为 697.9466 元,2016 年城镇居民人均食品支出为 5760.586 元,农村居民为 2952.234 元,城镇居民增长 3881.893 元,年增长率 8.33%,农村居民增长 2254.288 元,年增长率 10.85%。

3. 城乡居民恩格尔系数变化

南北两个地区城镇居民恩格尔系数的变化趋势一致,2004 年、2007~2008 年两个地区均出现上升,除此之外南方地区 2012 年也出现小幅度上升,其余年份恩格尔系数均下降。虽然南方城镇居民人均消费总支出和人均食品支出均高于北方居民,但是该地区城镇居民恩格尔系数要高于北方地区,且自 2014 年之后,北方城镇居民恩格尔系数率先下降到 30% 的最富裕线以下,达到富足水平,而南方城镇居民一直处于相对富裕水平,而且,全国城镇居民在 2015 年开始也已经迈入富足水平。如图 1-42、图 1-43 所示。

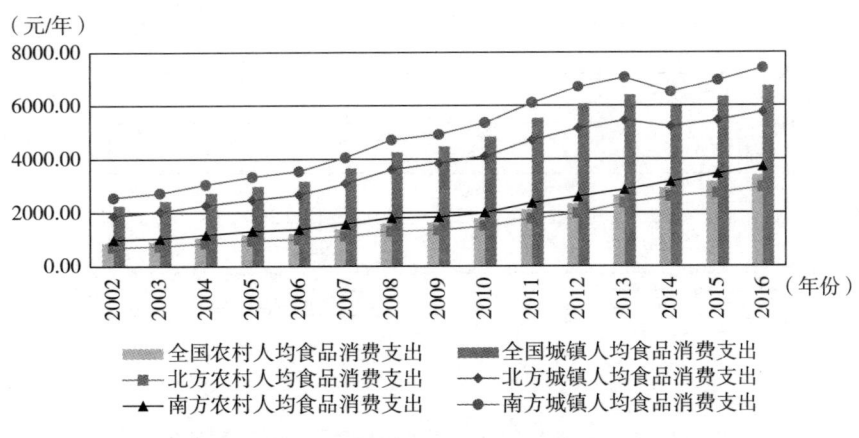

图 1-42 南北地区及全国城乡居民人均食品消费支出变化

资料来源:历年《中国统计年鉴》。

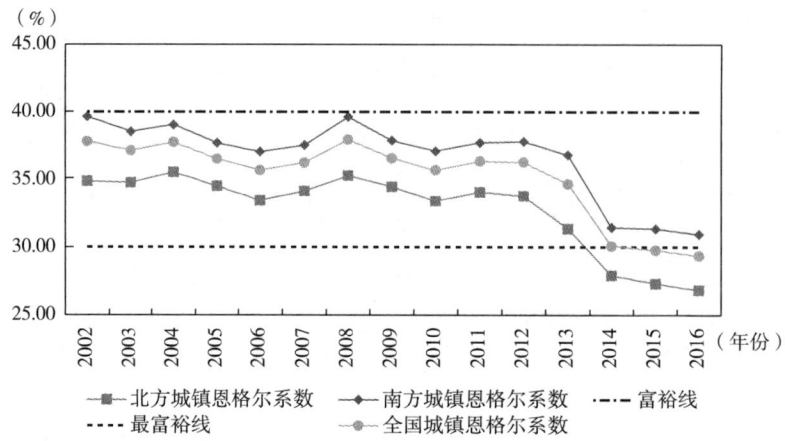

图 1-43　南北地区及全国城镇居民恩格尔系数变化

资料来源：历年《中国统计年鉴》。

与城镇居民恩格尔系数一样，北方农村居民的恩格尔系数一直低于南方农村居民。南北方农村居民的恩格尔系数在 2003~2005 年、2008~2009 年、2012~2013 年出现三次较大幅度的下降之后，其余年份变化不大。北方农村居民的恩格尔系数在 2006 年率先低于 39%，达到相对富裕水平，全国农村居民和南方农村居民则分别在 2012 年和 2013 年进入相对富裕水平。截至 2016 年，南北两地区农村居民均未能实现进入富足水平。如图 1-44 所示。

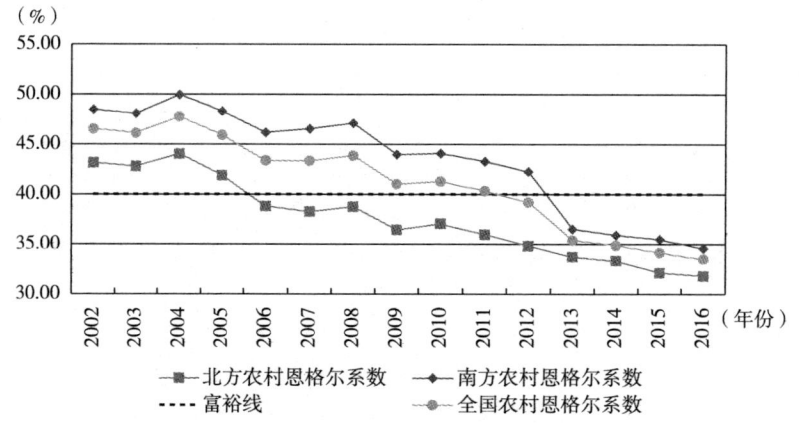

图 1-44　南北地区及全国农村居民恩格尔系数变化

资料来源：历年《中国统计年鉴》。

（二）居民粮食消费量变化

由于南方地区人口多于北方，所以南方居民粮食消费量也更多。根据数据分析，南方农村居民粮食消费总量远远高于北方农村居民，但是由于城镇化进程的推进，农村人口逐年减少，南北方农村居民粮食消费总量之间的差距也在逐渐缩小。从数据上看，南方农村居民 2000 年粮食消费总量 12783.85 万吨，2016 年为 5506.84 万吨，锐减了 7277.01 万吨，年下降率为 5.13%。北方农村居民粮食消费量 2000 年为 8239.76 万吨，2016 年为 3652.70 万吨，减少了 4587.06 万吨，年下降率为 4.96%。如图 1 - 45 所示。

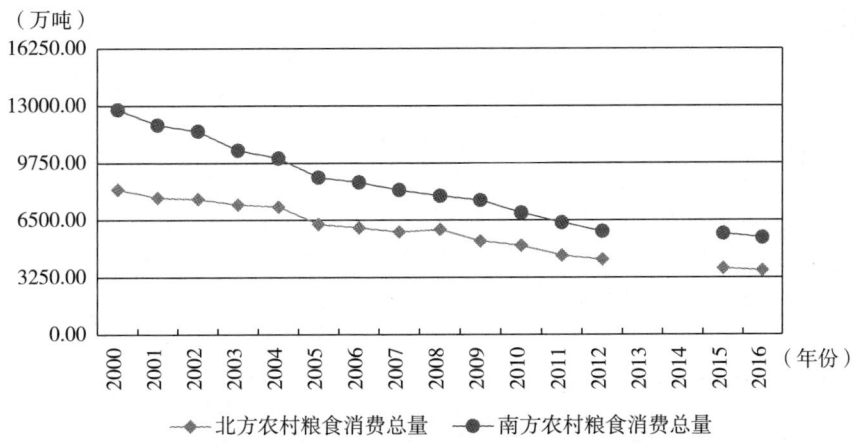

图 1 - 45 南北地区农村居民粮食消费总量变化

资料来源：历年《中国统计年鉴》。

南北地区农村居民人均粮食消费量同样也减少了，除 2008 年以外，北方农村居民人均粮食消费量一直低于南方农村居民。北方农村居民人均粮食消费量 2000 年为 23.91 千克，2016 年为 147.46 千克，下降 89.45 千克，年下降率为 2.92%。南方农村居民人均粮食消费量下降幅度低于北方，该地区 2000 年为

259.55 千克,2016 年为 164.77 千克,下降 94.78 千克,年下降率 2.80%。如图 1 – 46 所示。

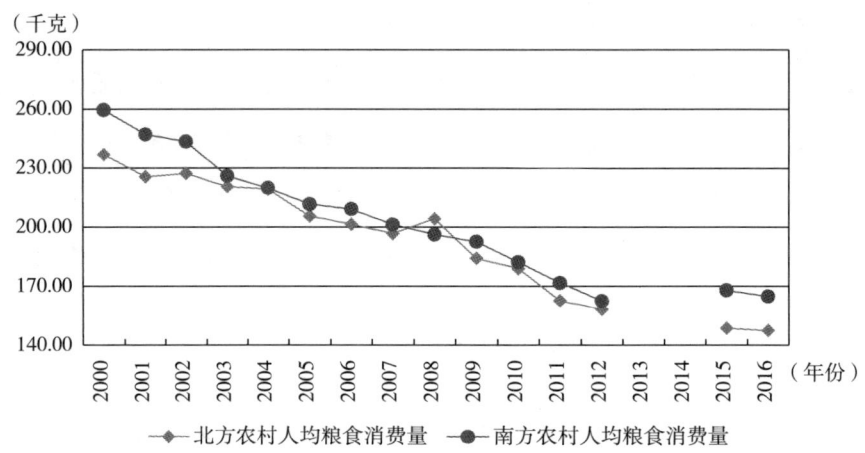

图 1 – 46　南北地区农村居民人均粮食消费量变化

资料来源:历年《中国统计年鉴》。

(三) 居民蔬菜消费量变化

南北地区农村居民蔬菜消费总量逐年减少,且北方居民下降幅度更大。北方地区农村居民蔬菜消费总量 2000 年为 3668.24 万吨,2016 年为 1963.94 万吨,减少 1704.3 万吨,年下降率为 3.83%。南方地区农村居民蔬菜消费总量 2000 年为 6183.58 万吨,2016 年为 3362.99 万吨,下降 2820.59 万吨,年下降率为 3.74%。如图 1 – 47 所示。

在农村居民人均蔬菜消费量上,南方居民远远高于北方居民,两地区该数据逐年递减,且北方居民下降幅度更大。北方地区农村居民人均蔬菜消费量 2000 年为 105.47 千克,2016 年为 79.28 千克,下降 26.19 千克,年下降率为 1.77%。南方地区 2000 年农村居民人均蔬菜消费量为 125.54 千克,2016 年为 100.63 千

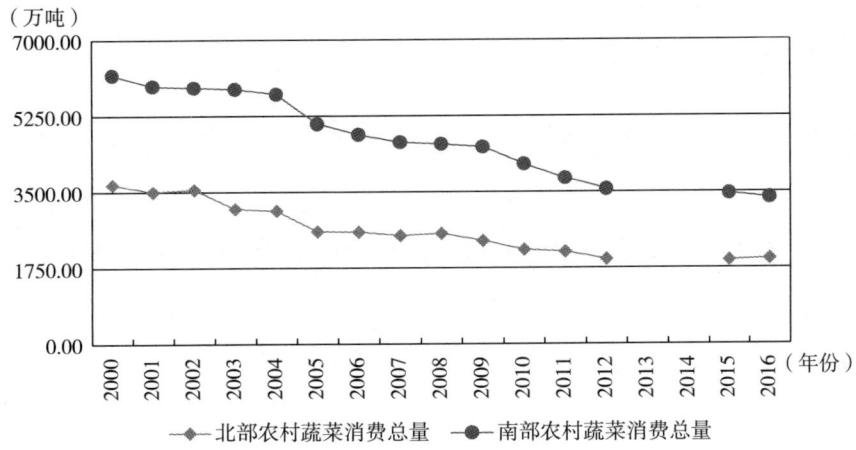

图1-47 南北地区农村居民蔬菜消费总量变化

资料来源：历年《中国统计年鉴》。

克，下降24.91千克，年下降率为1.37%。如图1-48所示。

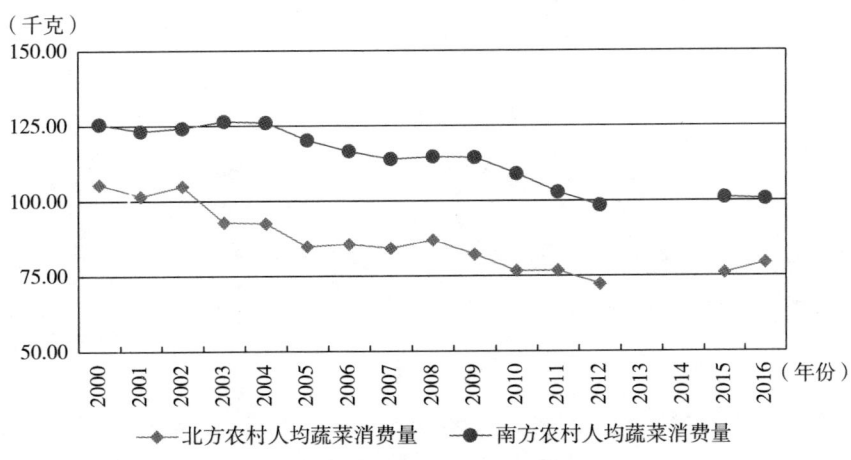

图1-48 南北地区农村居民人均蔬菜消费量变化

资料来源：历年《中国统计年鉴》。

(四) 居民蛋类消费量变化

与粮食和蔬菜消费不同的是，在农村居民蛋类消费总量上，北方居民要高于南方居民，但是南方地区整体上升，而北方地区整体下降，两个地区之间的差距在缩小。北方地区农村居民蛋类消费总量 2000 年为 259.95 万吨，2016 年为 250.87 万吨，下降 9.08 万吨，年下降率为 0.22%。南方地区 2000 年农村居民蛋类消费量 188.76 万吨，2016 年为 241.83 万吨，增长 53.07 万吨，年增长率 1.56%。如图 1-49 所示。

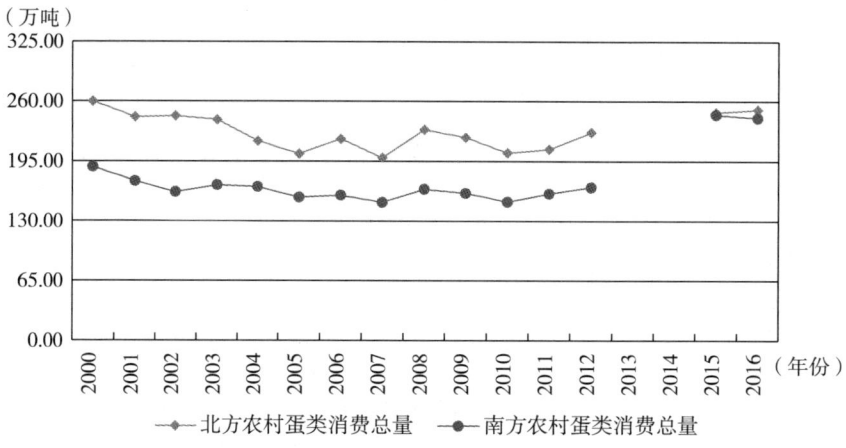

图 1-49　南北地区农村居民蛋类消费总量变化

资料来源：历年《中国统计年鉴》。

北方农村人口少于南方农村人口，且北方农村居民蛋类消费量要高于南方农村居民，因为在人均蛋类消费量数据上，北方居民远远高于南方居民，且 2013 年以前农村居民人均蛋类消费量超过南方居民至少 80%，2015 年和 2016 年两者之间的差距虽然稍有缩小，北方农村居民人均蛋类消费量已经是南方居民的 1.36 倍和 1.40 倍。从数据上来看，北方农村居民人均蛋类消费量 2000 年为 7.47 千克，2016年为10.13千克，上升2.66千克，年增长率1.92%。南方农村居民人均蛋类消费量增长幅度更大，2000年为3.83千克，2016年为7.24千克，增长3.41千克，年增长率为4.05%。如图1-50所示。

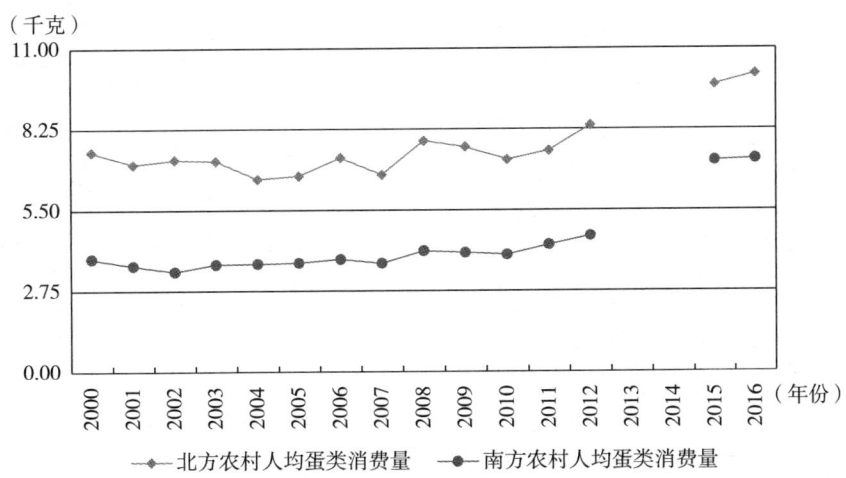

图1-50 南北地区农村居民人均蛋类消费量变化

资料来源：历年《中国统计年鉴》。

（五）居民猪、牛、羊肉消费量变化

农村居民猪、牛、羊肉消费总量整体变化幅度不大，在2007年和2008年出现两次较大比例的下降，且南部居民下降幅度更大。从数据上看，北方农村居民猪、牛、羊肉消费量2000年为316.76万吨，2016年为333.98万吨，上升17.22万吨，年增长率为0.33%。南方农村居民猪、牛、羊肉消费总量则出现下降，该地区2000年数据为907.74万吨，2016年为874.34万吨，下降33.40万吨，年下降率0.23%。如图1-51所示。

在农村居民人均猪、牛、羊肉消费量方面，南方居民一直比北方居民多出

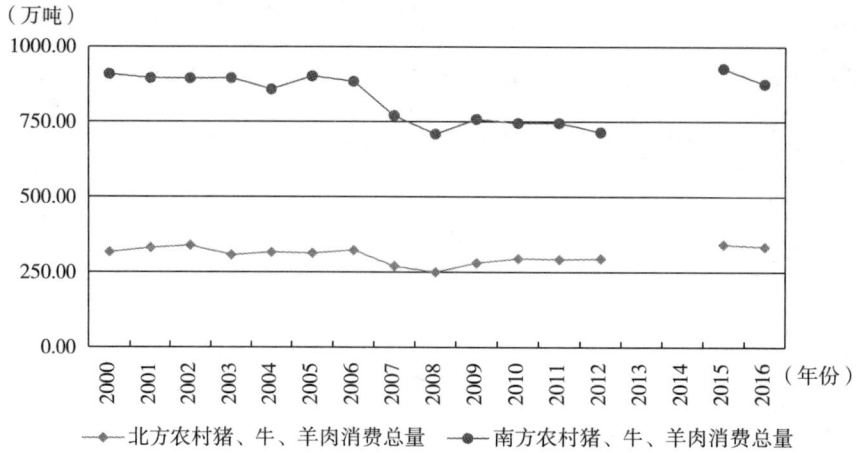

图 1-51　南北地区农村居民猪、牛、羊肉消费总量变化

资料来源：历年《中国统计年鉴》。

约 1 倍。从数量上看，北方农村居民人均猪、牛、羊肉消费量 2000 年为 9.11 千克，2016 年为 13.48 千克，增长 4.37 千克，年增长率 2.48%。南方农村居民人均猪、牛、羊肉消费量 2000 年为 2.02 千克，2016 年为 26.16 千克，上升 7.74 千克，年增长率 2.21%。如图 1-52 所示。

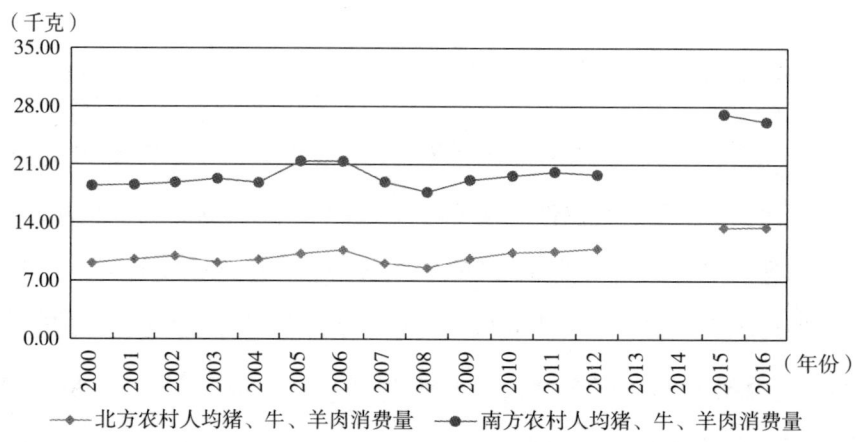

图 1-52　南北地区农村居民人均猪、牛、羊肉消费量变化

资料来源：历年《中国统计年鉴》。

第二章 我国稻谷主要消费情况

水稻是我国的主要粮食作物，一直以来，水稻产量占我国粮食总产量的40%左右；大米是我国居民消费主要口粮，消费量占细粮消费比例最高达60%。稻谷的供需平衡关乎着整个粮食市场的价格走势，更关系到我国居民的口粮安全。作为世界上最大的稻米生产国和消费国，我国稻谷消费的"大国效应"对世界稻米以及粮食供求具有深远的影响（吴乐和邹文涛，2011）[①]。

当前我国正处在农业供给侧结构性改革不断深化和粮食"去库存"进度不断加快的发展进程中，合理评估稻谷消费的数量、结构和变化趋势对于科学把握中长期我国稻谷的消费需求变化，准确分析国内、国际粮食供求关系，以及更好地服务粮食宏观调控意义重大。

在我国，稻谷的消费用途分支较多，通常可分为种子用粮、饲料用粮、工业用粮和口粮消费四大类别。每一类别又包含不同的消费产品和消费形式。因此，获取不同消费类别消费量的数据对于开展相关研究意义重大。本章在对当前粮食消费数据的主要获取渠道进行系统梳理的基础上，以2014年为研究基期，综合运用国家统计数据、市场和咨询机构数据、文献和调研数据等多种来

---

① 吴乐，邹文涛. 我国稻谷消费中长期趋势分析［J］. 农业技术经济，2011（5）：87-96.

源的数据进行分析比较,对消费端稻谷不同消费用途的消费量进行了评估。

一、粮食消费数据的主要获取渠道

对于不同的稻谷消费用途,相应消费量数据的获取渠道各不相同。其中,口粮消费分为在家消费和在外消费两类,在外消费又包含餐饮业消费和食堂消费等。目前,城乡居民的在家消费量主要依据国家统计局入户调查数据进行分析。而在外消费部分由于没有纳入国家统计范围,主要以实证调研和数据推算等方式来获取。并利用人口数、居民在外就餐频率和在家与在外就餐消费量计算得出。饲料用粮的测算方法:一种是根据《全国农产品成本收益资料汇编》中的畜禽肉料比,乘以我国每年畜产品产量求得,这种算法通常是以饲料粮大类进行计算,无法细分到稻谷之单一粮食品种的具体使用数量;另一种是根据农村入户调查的方式,通过问卷、访谈等方式对稻谷饲料用粮量进行推算或估算。种子用粮的计算方法通常是利用作物种植面积和种子使用率进行计算。加工用途方面,由于粮食的加工产品类别多样,因此,几乎无法准确评估每一种加工产品的消费数量,目前通常是根据市场或咨询机构发布的定点观察数据对主要的稻谷加工产品消费量进行评估。

二、不同消费用途稻谷消费量评估

（一）种子消费

随着我国育种和栽培技术的不断提高，单位面积稻谷种子消耗量稳中减少，根据《全国农产品成本收益资料汇编》，近年来我国每公顷稻谷种子用量基本保持在0.19千克/公顷左右。稻谷播种面积基本维持在2660万～3060万公顷（见图2-1）。按照平均每亩种子用量乘以稻谷种植面积计算得出，2014年我国稻谷种子用量约为132万吨。

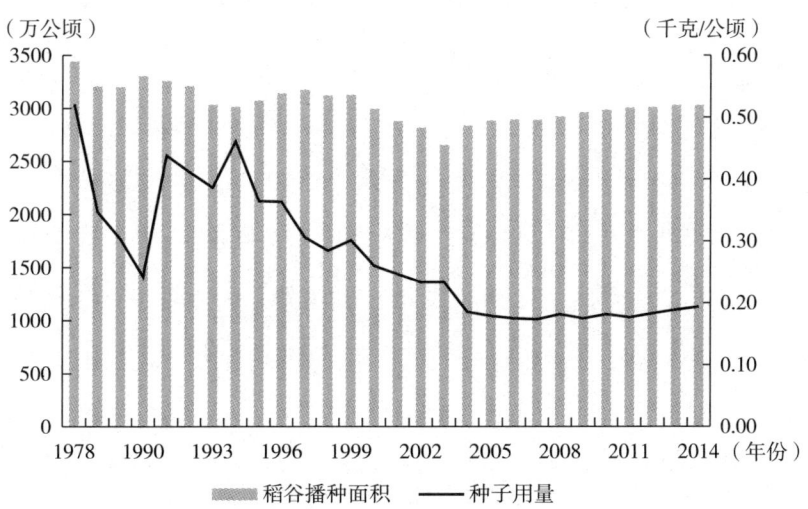

图2-1 我国稻谷播种面积及种子用量情况

(二) 饲料消费

我国饲料用粮主要以玉米、豆粕、高粱、大麦、燕麦等粗粮为主。稻谷饲用比重相对较小,主要集中在中国南方稻谷主产区,同时也是肥猪生产的重要区域。由于这些地区的畜牧业工业化生产水平相对落后,因此通常利用劣质稻米或早籼稻等低产粮食及其副产品饲喂棚养牲畜,湖南、江西等部分地区稻米饲用比例几乎接近1/2。同时,随着近年来稻谷库存的不断升高,我国低质早籼稻积压问题严重,利用陈化稻谷加工饲料的比例也在随之升高。

为了进一步摸清稻谷饲用消费的具体情况,本章通过文献综述的方式对近年来稻谷饲用消费的相关研究进行了汇总分析。杨万江(1998)[1]通过对四川和浙江127家农户的调查发现,将稻谷直接用作饲料的人均使用量约为30千克/人。以此推算,2012年全国12个稻谷主产区3.46亿农户的饲料用米量约为1000万吨;陈永红(2005)[2]推算用作饲料的早籼稻占稻谷消费量的比例约为8%,1000万~2000万吨;田维明等(2007)[3]估算稻谷用作饲料粮的比重大约占产量的6%,约1100万吨;王明华(2012)[4]推断,在我国饲料用粮消费中稻谷约有1750万吨,占饲料粮消费的8.6%;吴建寨等(2011)[5]推算,1995~2008年我国的饲料用米量在1000万~1200万吨波动;李志强等(2012)[6]推断未来20年我国每年仅有1000万吨左右的稻谷用于饲料消费,约为稻谷消费的7%。根据国家粮油信息中心数据,2013~2014年度,国内稻谷总消费量为19335万吨,其

---

[1] 杨万江,何德文. 南方稻区的稻米消费 [J]. 中国稻米,1998(3):24-26.
[2] 陈永红. 中国稻谷生产变化与供需平衡分析 [J]. 农业展望,2005(3):8-14.
[3] 高颖,田维明. 中国大豆进口需求分析 [J]. 中国农村经济,2007(5):33-40.
[4] 王明华. 对我国饲料粮供需形势的分析 [J]. 调研世界,2012(2):24-26.
[5] 吴建寨,任育锋,王东杰. 我国稻谷消费时空动态研究 [J]. 中国食物与营养,2011,17(7):41-44.
[6] 李志强,吴建寨,王东杰. 我国粮食消费变化特征及未来需求预测 [J]. 中国食物与营养,2012(3):38-42.

中食用消费 17300 万吨，饲料消费 1130 万吨，工业消费 1080 万吨。综合上述研究结果，我国稻谷饲用量基本保持在 1000 万~1200 万吨。本文采用均值 1100 万吨作为 2014 年我国稻谷饲用的数据基准。

(三) 工业消费

稻谷工业用粮可分为食品加工用途和非食品加工用途两大类。工业食品用途主要用于制作米线、糕点、速冻食品和雪饼等加工食品。在已获取的数据中，仅艾格农业咨询机构对这四类产品的价格和原料使用情况进行了统计分析。结果显示，2014 年这四类加工食品共计消耗稻谷 400 余万吨，消耗比重大致为方便面：糕点：速冻食品：雪饼 = 1：2：5：2。

非食品加工用途，主要用作酿酒，制造大米淀粉糖和食用级大米蛋白粉。关于酒类用粮消费，本文根据我国每年各类酒水产量 800 余万吨，利用白酒耗粮系数 1：2.3（王川和李志强，2007）[①]，稻谷占酿酒所用粮食比例估算为 20%（包括黄酒、米酒等用量），推算出酿酒稻谷用量约为 370 万吨。

通常情况下，单位稻谷可生产约 67.5% 的精米、8% 的碎米、6.5% 的米糠和 18% 的稻壳。除精米外，碎米、米糠和稻壳等副产品均可进行深加工利用。如碎米中大米淀粉糖和食用级大米蛋白粉的产出率分别约为 64.4% 和 8%，两种产品的深加工率约 15%，每年副产品总产量约 180 万吨。米糠油营养价值丰富，目前我国加工比例不及 2%，具有较大的生产潜力，但由于加工工艺复杂、成本过高、市场认知度低等原因，目前一般为小瓶油或添加在调和油中使用。此外，还有其他一些工业化非食品用途，如制作米醋、味精、燃料乙醇等部分用量。目前，各类加工产品的稻谷消费量的数据获取具有一定的难度，且在统计计算时，由于已根据大米等主要消费产品结合出米率对稻谷消费量进行了还原，如再依据

---

① 王川，李志强. 不同区域粮食消费需求现状与预测 [J]. 中国食物与营养，2007 (6): 34 – 37.

副产品消费量进行还原计算,难以避免会出现重复计算问题。综合各方面因素,粗略以我国工业非食品用途大米用量为 800 万吨进行计算。因此,2014 年工业稻谷消费量大约为 1200 万吨。

(四) 口粮消费

口粮消费是稻谷的主要消费用途。在稻谷口粮消费数据中,农村居民大米消费量主要依据《中国农户调查年鉴》进行推算;城镇居民大米消费量来源于《中国城市(镇)居民收入支出价格年报》。根据统计结果,2014 年我国城市人口人均大米消费量为 39 千克/年,农村人口人均大米消费量为 91 千克/年(见图 2-2)。由于国家统计局在统计居民食物消费量时仅考虑了城乡居民在家消费的情况,并未包含居民在外就餐数据。而随着我国居民生活和消费水平的不断提高,在外就餐情况日趋普遍,就餐频次逐年提高,如果将此部分排除在外,必将严重低估居民的实际消费水平(陈永红,2005)[①]。因此,本章在计算居民大米消费量时对居民在外就餐情况也进行了推算。

对于我国居民在外就餐食物消费情况,目前国内研究相对较少且食物种类多以"粮食"整体作为研究单元,很难推断稻谷等单一粮食品种的在外消费情况。因此,本章借助中国科学院地理科学与资源研究所自然科学基金重点项目"我国城市餐饮业食物浪费的资源环境效应及可持续消费模式研究"课题,利用 2013 年我国北京和拉萨两座城市 172 家餐馆、3552 桌通过实地调查称重获得的餐桌样本数据,对我国城镇居民的在外大米消费情况进行了推算。根据调研数据推算,我国城镇居民每年在外就餐人均消费大米 3.7 千克,餐桌浪费量约 1 千克,浪费率为 27%。而农村居民在外就餐时对各类粮食品种的消费情况,现有研究鲜有涉及。考虑到农村居民在外就餐频次较城市居民偏低,且在外就餐的食物消费结

---

① 陈永红. 中国稻谷生产变化与供需平衡分析 [J]. 农业展望, 2005 (3): 8-14.

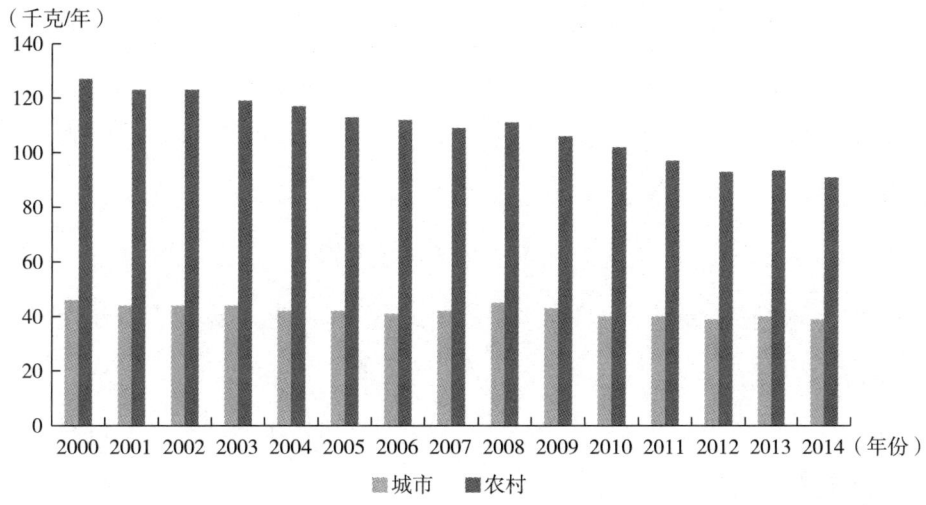

图 2-2 我国城乡居民在家大米消费量变化情况

构与在家消费有较大区别，本章估算农村居民在外就餐的大米消费量为城市的一半，即 1.85 千克/人/年。计算得出，2014 年城镇居民在家就餐的大米消费量为 3577 万吨；乡村居民在家就餐的大米消费量为 4099 万吨；城镇居住居民在外就餐的大米消费量为 339 万吨；乡村居民在外就餐的大米消费量为 83 万吨。我国城乡居民大米消费量为 8098 万吨，加上食品工业的大米制品消费量 300 余万吨，作为食品用途，合计消费大米 8398 万吨左右。由于在选择城镇居民在外就餐样本时，是以北京和拉萨两地作为研究案例区，而拉萨属于少数民族聚居区，并且日常主粮消费中小麦、青稞等所占比重相对外地较高，大米消费相对较低，因此，一定程度上所反映的居民在外大米消费量可能略低于全国平均水平。我国城乡居民大米实际消费量可能接近 1 亿吨左右，与国家粮油信息中心和 BOABC 提供的 1.1 亿吨左右的大米食用消费量相近，折合稻谷消费量为 1.6 亿吨。

值得注意的是，以往国家统计局在核算城乡居民食物消费量时通常是按照居民户籍所在地进行城乡人群的消费量统计。而目前由于我国正处于快速的城市化发展进程当中,大量农村富余劳动力向城镇转移,2014年我国农民工总人数达到2.74亿人,其中外出农民工数量约为1.68亿人,占农民工总量的61%,本地农民工约为1.06亿人,占农民工总量的39%。影响城乡实际消费人数的主要人群是外出农民工部分,这部分人群进城打工后,在食物消费模式和消费结构上也在逐渐向城市人口偏移。而随着我国旅游业的蓬勃发展,旅游人口对于当地实际的消费人数变化同样带来一定的影响。因此,在分析时根据流动人口数据对城乡居民消费人数进行适当调整,才能更加准确地反映居民实际的大米消费数量。但是,由于旅游形式多样,针对跨国游、乡村游以及外国人来华旅游等情况进行梳理较为困难,因此未作深入讨论。

(五)餐桌浪费

近年来,随着居民生活水平的提高和农产品供应的日益充裕,餐桌浪费行为日益普遍。中国农业科学研究院的研究结果表明,我国每年在餐饮环节浪费的食物蛋白质达800万吨,脂肪为300万吨,每年餐桌上的浪费量约合我国2亿人一年的口粮(许世卫,2005,2007)①②。中国科学院地理科学与资源研究所发布的《中国城市餐饮食物浪费报告》显示,2015年我国城市餐饮业仅餐桌上的食物浪费量就在1700万~1800万吨,相当于3000万~5000万人一年的食物量。消费环节的食物浪费情况不容乐观。

关于消费环节的大米浪费情况,詹玉荣(1995)③利用全国22个省574个县的1400个调查样本对我国粮食供应链各环节的损失和浪费数量进行了调查研究,得出消费环节稻谷浪费率为6.86%(其中,家庭浪费占6.86%,学生食堂占5.98%,机关食堂占1.07%,工人食堂占3.3%,大饭店占1.76%,小饭店占

---

① 许世卫.中国食物消费与浪费分析[J].中国食物与营养,2005(11):6-10.
② 许世卫.直面我国食物浪费严重现状[J].农村·农业·农民(B版),2007(1):31-32.
③ 詹玉荣.全国粮食产后损失抽样调查及分析[J].中国粮食经济,1995(4):44-47.

3.31%，其他占 3.17%）。许世卫（2005）采用抽样调查和典型调查相结合的方法对北京市大、中、小型餐馆 2211 桌的就餐样本进行调查，结果显示人均大米丢弃量为 5.24 克/餐，浪费率为 11.45%（其中，在高档餐馆就餐的浪费率为 13.74%，中档餐馆 11.31%，低档餐馆 11.08%；个人就餐 10.62%，单位就餐 14.77%）。王灵恩等（2013）[①] 对拉萨市游客的餐饮消费行为进行研究发现，拉萨市游客餐饮消费时的米饭浪费率为 10.1%。张浩和姚咏涵（2009）[②] 对河南 159 个行政区 216 家饭店的粮食消费浪费情况进行研究，结果显示米饭消费损失率高达 23.10%。

通过对现有的稻谷餐桌浪费数据进行加权分析得出，城市家庭消费环节中在家浪费率为 6.9%，在外消费浪费率为 11.8%。农村家庭消费环节的浪费率大约为城市家庭的一半，分别为 3.5% 和 6%。2014 年城镇居民在家大米消费量为 247 万吨，乡村居民在家大米消费量为 143 万吨；城镇居民在外大米消费量为 40 万吨，乡村居民在外大米消费量为 5 万吨。合计浪费大米 435 万吨，折合稻谷 621 万吨，占稻谷口粮消费量的 7.7%。

通过前文计算分析，2014 年我国稻谷的各类消费组成中，种子消费 132 万吨，饲料消费 1100 万吨，工业用粮 1200 万吨，口粮消费 1.6 亿吨，合计稻谷消费约 1.8 亿吨。口粮消费占据绝对比重，约为消费总量的 87%，其他合计仅占 13%。如图 2-3 所示。

---

① 王灵恩，成升魁，李群绩，徐增让. 基于实证分析的拉萨市游客餐饮消费行为研究 [J]. 资源科学，2013，35（4）：848-857.
② 张浩，姚咏涵. 河南省饭店粮食消费损失现状调查研究 [J]. 粮食科技与经济，2009，34（3）：16-18.

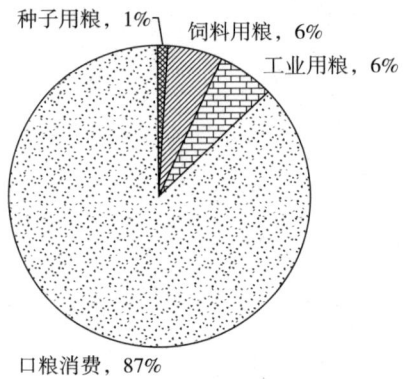

图 2-3 我国各类用途稻谷消费比重

三、稻谷消费特征

(一) 稻谷消费的数量变化

近年来,我国城乡居民人均口粮消费量的下降趋势明显。但由于人口数量的刚性增长等原因,稻谷消费总量波动幅度较小,基本稳定在 1.8 亿吨左右,口粮消费一直维持在 1.6 亿吨左右,占稻谷消费总量的 80% 以上(刘桂才,2001)。国民经济发展的城乡二元结构特征,决定了稻谷口粮消费的城乡二元结构。目前,我国城镇居民每年的大米食用量基本稳定在 40 千克/人,农村居民人均大米食用量则持续下降,从 2000 年的 127 千克/人/年下降到 2014 年的 91 千克/人/年。城乡居民大米消费量差距不断缩小,但仍呈明显的二元结构。

(二) 稻谷消费的组成结构变化

近年来,我国粮食供求总量基本平衡,主要发展矛盾由总量问题逐渐向结构

第二章 我国稻谷主要消费情况

问题。在消费结构上,作为我国居民消费的主要口粮,稻谷的直接消费量将长期保持在较高水平。稻谷饲用比重呈下降趋势,用于牲畜喂养的稻谷一般仅限于低劣质稻谷或个别年份。随着我国农业科技和工艺水平的提高,稻谷工业用量及比重将持续增加,种子与损耗等消费总量将不断下降(吴建寨等,2011)①。

(三)稻谷消费的空间差异

我国的稻谷品种主要分为粳稻和籼稻,粳稻主要分布于我国东北和长江三角洲地区,种植省份主要有黑龙江、江苏、吉林、辽宁、云南、浙江、安徽和河南;籼稻生产主要分布在长江以南的湖南、江西、四川、广东、广西、湖北、福建、安徽8省份。目前我国居民粳米与籼米的消费区域与生产区域总体上基本吻合,南方地区主要消费籼米,北方地区主要消费粳米(吴建寨等,2011)。这种状况的存在,一方面取决于南北方长期以来形成的生活消费习惯,另一方面则主要受各地区的种植制度和生产结构的影响(吴乐和邹文涛,2011;吴取居,2014)②。

在各地区的消费量上,稻谷消费的主要区域大体集中在湖南(主产区)、四川(主产区)、江苏(主产区)、广东(主销区)、广西(产销平衡区)、浙江(主销区)、湖北(主产区)、江西(主产区)、安徽(主产区)、福建(主销区)和云南(产销平衡区)等地,消费量占全国消费总量的2/3,各用途的消费比重同样居于全国前列(如图2-4所示)。

(四)餐桌浪费的主要原因

消费环节的浪费主要与消费者的消费习惯、饮食偏好、节约意识和资源环保意识有关。

---

① 吴建寨,任育锋,王东杰. 我国稻谷消费时空动态研究[J]. 中国食物与营养,2011,17(7):41-44.

② 吴取居. 中国稻谷供需均衡基本格局与主要变化研究——基于区域划分的视角[J]. 现代经济信息,2014(10):402-403.

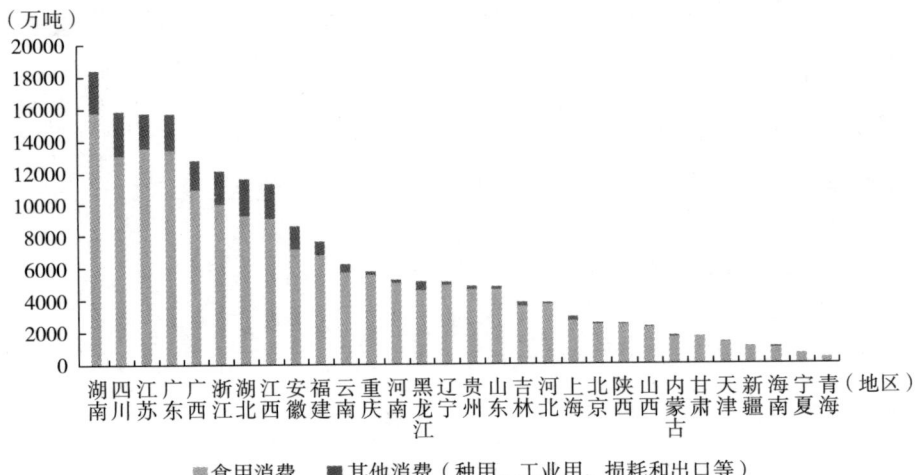

图 2-4 2014 年全国各省区稻谷消费情况

资料来源：国家粮油信息中心。

1. 消费信息的不确定性

家庭消费中，为保障家庭成员享有充足的饭食，在食物烹制过程中通常会备出盈余。多余的饭菜除了下一餐食用外，一部分在饭后被直接丢弃成为餐余垃圾，另一部分由于被遗忘而长时间存放于冰箱中，导致食物变质或者口味不佳同样造成了浪费。餐饮业中，由于缺乏菜品分量和口味等信息造成消费者点餐的盲目性，带来大量浪费。统一性标准化的餐具规格，忽视了不同群体的饮食差异，同样造成不可避免的食物浪费。

2. 不良的饮食传统和消费习惯

随着国民经济的快速发展和居民收入水平的不断提高，奢侈消费和铺张浪费等不良之风盛行。扭曲的消费价值观使食物浪费成为"面子"和身份的象征。在一些商业宴请、朋友聚餐等活动中，宴会主人常常通过准备多于客人实际需求的足够丰盛的菜肴来表现主人的好客大方，彰显餐桌礼仪。而准备过多的菜品不仅造成食物的大量浪费，也间接抵消了消费者对大米等主食的消费能力，造成主食的大量剩余。

3. 资源节约和环保意识匮乏

随着衣食住行等生活条件的持续改善,深埋在国人心里的"饥饿记忆"也在渐渐消退。城市化的发展,使越来越多的人远离农村走向城市,对农业生产的淡忘和充足多样的食品供应,使越来越多的现代人尤其是青年人无法体会到农田耕作的辛苦和粮食的来之不易,"衣来伸手、饭来张口"这种娇惯式的培养方式也助长了食物浪费等不良消费行为。青少年挑食、厌食等不良饮食习惯造成了消费环节的浪费,同时对自身健康也产生了严重危害。

四、稻谷消费的主要影响因素

稻谷消费受到多种因素的影响和制约,当前影响我国稻谷消费需求的主要因素包括:人口数量、城镇化进程、经济增长、城乡居民收入提高、稻米价格以及消费偏好等。

(一) 城镇化和人口数量的影响

我国当前已进入工业化、城镇化加速发展的重要时期。城镇化水平的持续提高将对稻米消费产生重大影响。近年来,我国人口自然增长率不断下降,但由于人口基数较大,人口增长惯性和二胎政策的实行,每年净增几百万人口。在这种情况下,我国城市化水平年均提高1%左右,城市人口绝对数量迅速增长。城镇人口的增加,使农民原有的食物消费结构发生变化,肉、蛋、奶等畜产品和水产品、副食的消费比重扩大,口粮消费的数量和比重相应降低;随着城市化进程,每年有数以亿计的农民工从农村流动到城市,农民工进入城市工作生活,饮食习惯也将进一步发生变化。

(二) 国民经济的增长

随着国民经济的增长，居民食物消费结构快速升级，人们对稻谷的消费需求日趋精细化、多样化，也更加注重质量和营养品质的提高，优质大米在稻谷消费中的比例将进一步扩大。同时，水果、蔬菜、肉、蛋、奶等非粮食类产品将在更广的范围、更深的层次上形成对粮食直接消费的替代。

(三) 收入和价格因素

黄季焜（1994）研究发现，大米需求的收入弹性较高而价格弹性偏低，且该弹性值随着收入的提高呈现明显的下降趋势，大米需求的价格弹性为负。杨万江和何德文（1995）通过对浙江570个城乡住户稻米专项调查数据得出：农民人均稻谷消费量下降与人均生活支出增长有较强的负相关关系。而穆月英（2007）①的研究表明，农民的稻谷口粮消费需求受稻谷价格变化和收入增长的影响较小。

目前，我国50%以上的粮食用于直接消费，粮食消费的替代性较差，如果粮价上涨幅度过大，将会导致城市中低收入家庭生活困难，对于维持粮食市场稳定、保障经济平稳发展十分不利。同时，粮食价格的较大波动会影响总体价格水平，进而影响到整个宏观经济。因此，长期内，稻米价格将保持平稳上升态势。

---

① 穆月英. 我国农村居民食品消费需求系统分析——侧重于地区比较 [J]. 经济问题，2007（10）：70 – 73.

第三章 我国食用油消费情况

一、全国层面居民食用油消费变迁

(一) 全国居民食用油消费情况

蛋白质、脂肪和碳水化合物是人类所需的三大营养素,食用油富含脂肪和多种营养素,是重要的能量和营养来源物质。食用油消耗量是衡量一个国家城乡居民生活水平高低的重要标志。食用油包括植物油和动物油,目前全球食用油消费以植物油为主①,本报告以我国食用植物油消费为研究对象,从地区和品种角度,以 2000~2017 年为时间节点,对我国食用植物油的消费情况进行分析,为指导居民均衡膳食、合理消费提供依据。

---

① 我国动物油脂以猪油消费为主,根据中国居民营养与健康状况调查的数据显示,我国居民人均猪油日消费量占食用油总消费量的 10%~20%,消费比重较低且年均消费量较为稳定,因此,本报告以我国食用植物油消费为研究对象。

1. 消费总量

随着经济发展以及人民生活水平的不断提高，食用植物油的需求量也逐步增加。图3-1是对我国食用植物油年消费总量以及人均年消费量的统计①。可以看出，不管是我国食用植物油消费总量还是人均消费量，均保持着较高的增长水平。

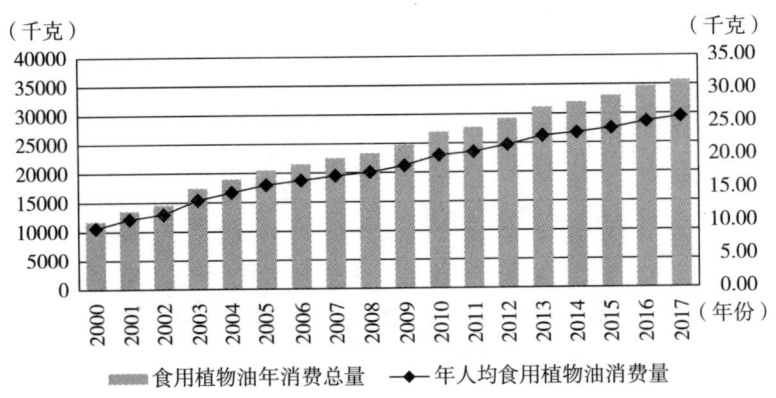

图3-1 2000~2017年全国食用植物油消费总量及人均消费量

资料来源：美国农业部（USDA）。

作为世界上人口最多的国家和油脂消费量最大的国家，中国对食用植物油有强烈的消费需求。进入21世纪以来，我国食用植物油总消费量由2000年的11727千吨迅速增长到2017年的35708千吨，增幅达到304.49%，年均增长率近6.38%。与此同时，我国人均食用植物油年消费量也呈现出逐步提高的态势，报告期内，人均消费量从9.25千克上涨至25.82千克，年均增长率为5.87%，目前这一消费水平已经超过一些发达国家当前的消费量，还处于不断增长的状态。

---

① 我国居民人均食用油消费量＝年度食用油消费总量/年末总人口数。

2. 人均消费

根据《中国居民膳食指南》[①] 建议，成年人每天食用油摄入参考值为 25~30 克，如图 3-2 所示，21 世纪初我国居民日均植物油消费量一直保持在 25~30 克的合理水平，而以 2002~2003 年为分水岭，之后年度的日均消费量持续上涨，经过对比发现，2017 年我国植物油日均消费量达到 70.75 克，是推荐摄入量的 2.35 倍，属于油脂摄入过度状态，严重影响居民身体健康，使肥胖症、糖尿病、冠心病、高血压、动脉硬化等慢性病成为主要的公共卫生问题，因此，应当控制我国居民的油脂消费量，缓解当前出现的摄入过度的问题。

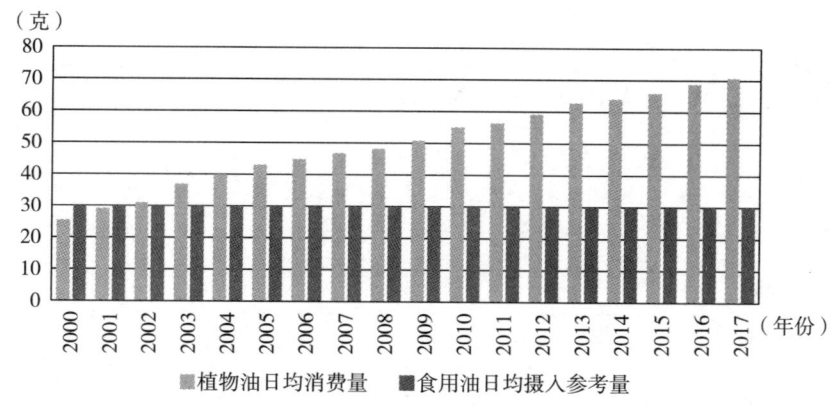

图 3-2　居民植物油日均消费量及参考摄入量

资料来源：美国农业部（USDA）。

（二）食用油消费支出水平

受数据可获得性限制，这里缺乏 2000~2012 年全国层面居民油脂消费支出数据，因此本章仅以近几年（2013~2016 年）数据为样本，对我国居民食用油

---

① 中国营养学会. 中国居民膳食指南 [M]. 北京：人民卫生出版社，2016.

消费支出作简要报告。需要说明的是，由于现有资料缺乏对居民食用油消费支出的直接统计，因此，本章中所涉及的居民食用油消费支出均通过计算人均食用油消费量与食用油消费价格之积得到，而食用油消费价格则由豆油、菜籽油和花生油的价格加权平均得出。

图 3-3 显示我国居民食用油消费占比状况，不管是人均总消费支出层面还是人均食品消费支出层面，人均食用油消费支出所占比重均呈缓慢下降趋势，其中，植物油消费支出占总消费支出的比重由 2.55% 下降至 2.05%，植物油消费支出占食品消费支出比重由 8.16% 减少至 6.83%。由于食用植物油属于生活必需品，虽然从人均消费量来看，我国居民植物油消费不断增加，但随着收入水平的提高、生活条件的改善，食用植物油消费比重不断下降，并且在城乡和地区之间表现出显著差异，本章在接下来的部分将详细介绍。

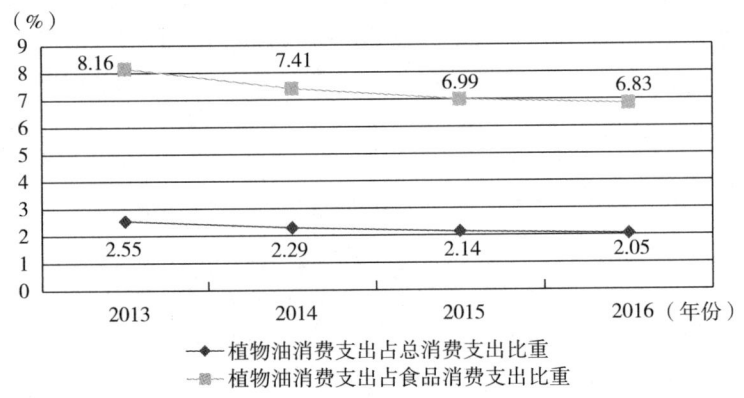

图 3-3　2013~2016 年居民食用油消费支出水平

资料来源：美国农业部（USDA）。

（三）食用油消费结构水平

按照品种分类，我国食用植物油主要包括大豆油、菜籽油、棕榈油、花生油、芝麻油、橄榄油、葵花籽油、棉籽油和玉米油，为了解我国食用植物油消费结构，本报告进一步统计我国各类油脂的消费情况，具体如图3-4所示。

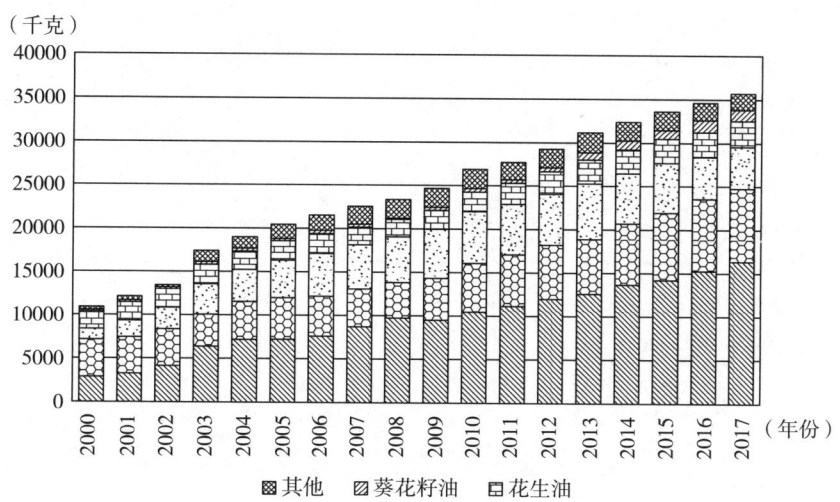

图3-4 2000~2017年我国食用植物油品种消费总量情况

资料来源：美国农业部（USDA）。

从食用植物油各品种消费量来看，2000年菜籽油消费量为4285千吨，是我国消费量最大的植物油品种。随着时间的推进，豆油消费量稳步上升，2017年豆油消费16350千吨，已经取代菜籽油成为稳居消费量第一的植物油品种。

从食用植物油各品种消费量的变化趋势来看（见图3-5），不同食用植物油品种的消费增长幅度存在显著差异。豆油的增长趋势最为明显，增长幅度较大，年增长率达到10.14%，其次是菜籽油，但其年均增长率仅为3.8%，增速缓慢。棕榈油的消费总量较高，但消费量呈现波动上涨的趋势，2013年其消费总量达到6389千吨后便开始以每年10%的幅度下降，2017年我国棕榈油消费量仅4820千吨，回落至2006年的消费水平。其他品种消费量较为稳定，花生油、葵花籽油以及其他品种植物油消费量变化不大，花生油消费水平一直保持在2000~3000

千吨,未曾突破 3000 千吨,葵花籽油增长也较明显,相较于 2000 年,葵花籽油 2017 年消费量增长近 10 倍,达到 1279 千吨。

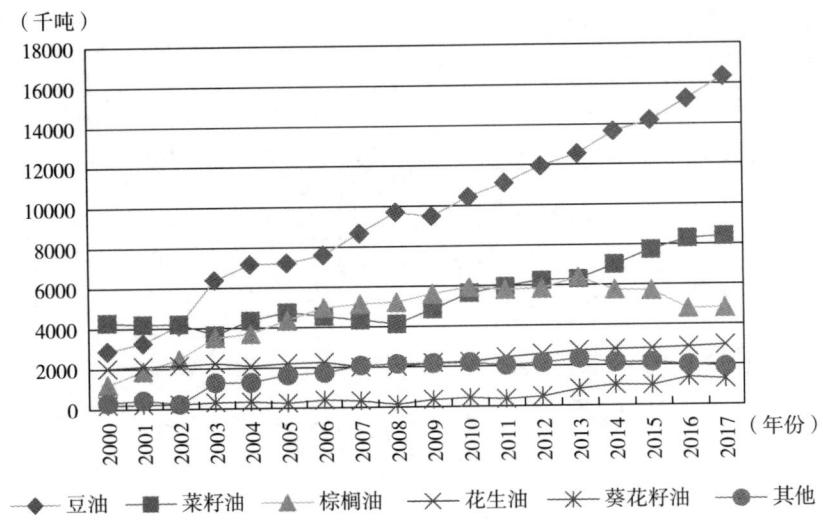

图 3-5　2000~2017 年我国居民食用植物油各品种消费量变化趋势

从各品种消费占比结构来看,我国居民主要食用植物油消费品种为大豆油、菜籽油和棕榈油,各类食用植物油消费结构如图 3-6 所示。

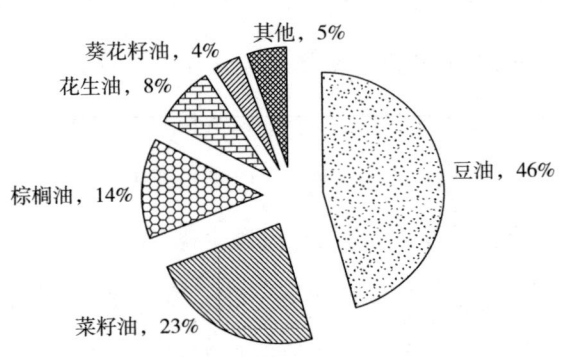

图 3-6　2016~2017 年我国各类食用植物油消费结构

从 2016~2017 年我国居民食用植物油消费结构可以看出，豆油、菜籽油和棕榈油分别占消费总量的 46%、23% 和 14%，三大品种总量占总消费量八成以上，成为植物油主要消费品种。

随着人民生活水平的提高，食用植物油消费量逐渐增长，消费者对食用油的要求也越来越高，营养健康、风味及感官优良和具备优异应用效果的食用油越来越受欢迎。大豆油作为我国传统植物油种，是我国食用历史最为久远，食用范围最为广阔的油脂品种，大豆消费量占比稳居第一且保持稳定增长，不仅是因为其"物美价廉"，而且其含有的大量亚油酸是人体必需脂肪酸之一。同时，大豆油种含有丰富的磷脂、维生素 E、维生素 D 等多种人体所需的营养元素，对保持人体健康有很大作用。油菜籽固有的菜籽风味和良好口感是吸引中国消费者尤其是长江流域消费者的重要原因之一。中国的棕榈油消费在世界植物油消费中位居第一，目前也是中国植物油供给的重要组成部分，除具有市场竞争力的价格优势外，棕榈油因其固有的脂肪酸特性，在我国被广泛应用于餐饮行业和食品加工行业。花生油是依靠中国传统植物油种实现国内自给的油种之一，花生油因其独特的花生风味而广受中国消费者的青睐，与味淡的橄榄油相比，浓香扑鼻的花生油更适合中国人讲究色、香、味的传统饮食习惯。

综上所述，收入水平的提高使我国居民食用油消费支出水平也不断上涨，食用油已经成为普通家庭日常生活不可缺少的食物。然而随着食用油消费量的逐步上升，我国居民日均食用油消费量已经远远超过中国营养学会的推荐摄入量，油脂的过量摄入不仅是食物的变相浪费，而且会导致各种慢性病的发生，必然将增加国家在慢性病治疗上的投入。因此，提倡合理的膳食结构是增进我国居民和国家福利的有效途径。

二、城乡居民食用植物油消费变迁

(一) 城乡居民食用植物油消费情况

1. 总量消费

食用植物油富含脂肪和多种营养素,是居民膳食必需的营养素之一,是人体重要的能量和营养来源。随着居民生活水平的不断提高和油料、油脂市场的逐渐放开,我国食用植物油的需求量不断攀升,但城乡间食用植物油消费水平却是极不平衡的。具体数据见图3-7。

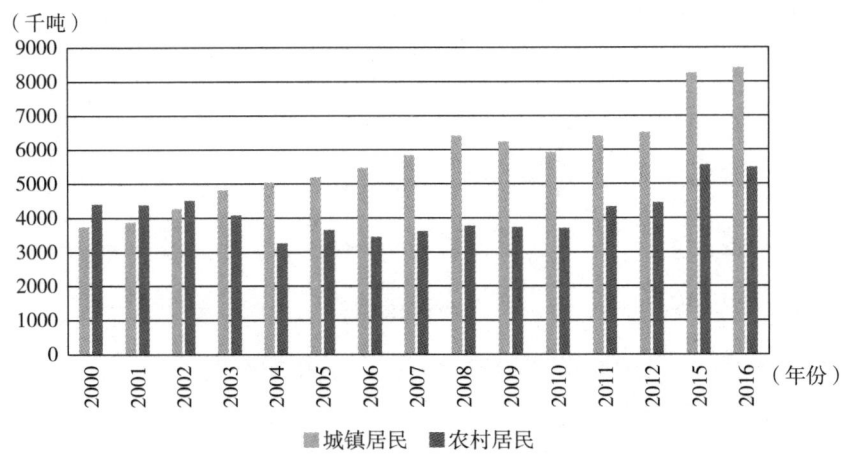

图3-7 中国城乡居民食用植物油消费总量

资料来源:2001~2017年《中国统计年鉴》。

总体上看，2000～2016 年①，城乡居民的食用植物油消费总量②呈总体上升趋势。2016 年我国城镇居民和农村居民的食用植物油消费量分别为 8405.588 千吨和 5484.489 千吨，相较于 2000 年的城（乡）居民食用植物油消费量分别上升 124.39% 和 24.49%，农村居民的食用植物油消费量增长比例仅为城镇居民的 19.69%。进一步看，城镇居民的食用植物油消费量是稳中有增，呈逐年上升趋势，样本年间平均增长率为 4.87%；农村居民的食用植物油消费量的增长趋势相对平缓，样本年间平均增长率为 1.29%，虽然在 2000～2002 年达到与城镇居民相似水平的食用植物油消费量，但很快又降到原有的平均水平，农村居民食用植物油消费量的总体水平明显低于城镇居民。究其原因，城乡居民食用植物油消费量与居民收入水平、食用植物油价格水平息息相关。当居民收入水平提高时，食用植物油消费量必然随之增长（食用植物油消费未达到饱和阶段）；当食用植物油价格水平较高时，超出居民消费支出预算，居民必然会降低食用植物油购买量。城镇居民的消费收入水平普遍高于农村，其接受的食用植物油价格水平也必然高于农村居民，所以城镇居民的食用植物油消费量总体上会超过农村居民。

2. 人均消费

近年来，随着国产油脂油料和进口油脂油料数量的快速增长，我国居民食用植物油的可供应量和人均年占有量实现快速增长。如图 3－8 所示，2016 年我国城镇居民和农村居民的人均食用植物油消费量分别为 10.6 千克和 9.3 千克，相较于 2000 年城（乡）居民人均食用植物油消费量分别上升 29.9% 和 70.64%。显而易见，农村居民人均食用植物油消费量的上升趋势快于城镇居民。但在很长一段时间内，城乡居民人均食用植物油消费量一直保持较大差距。2011 年以前，

---

① 受数据可获性限制，2013 年与 2014 年两年城乡居民食用油消费数据缺失，因此图 3－7～图 3－11 对比分析中将不予列出，但并不影响本报告对城乡居民食用油消费水平的分析。

② 鉴于《中国统计年鉴》（2001～2017）仅提供城镇（农村）居民年度人均食用植物油消费量，本报告在计算城镇（农村）居民年度食用植物油消费总量时，均以"城镇（农村）居民年度人均食用植物油消费量×城镇（农村）居民相应年度人口"方式计算得到。

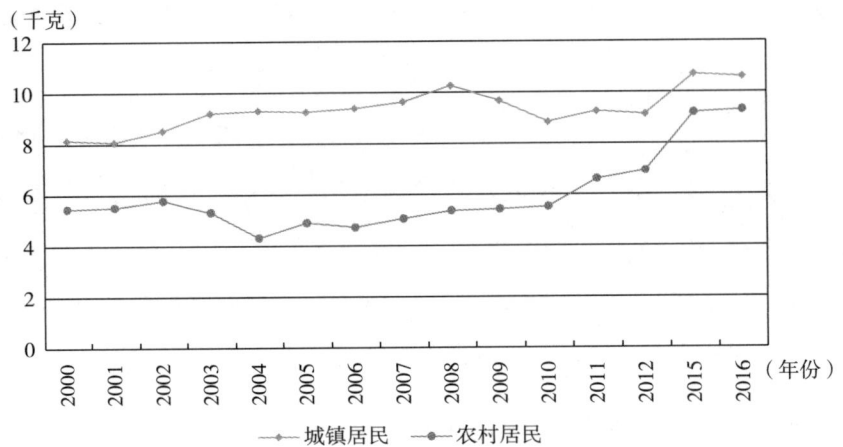

图 3-8 中国城乡居民人均食用植物油消费量

资料来源：2001~2017年《中国统计年鉴》。

农村居民人均食用植物油消费量一直低于 6 千克，城镇居民人均食用植物油消费量则在 2000 年就达到 8.16 千克，并在 2015 年达到样本年间最高值 10.7 千克。值得注意的是，2000~2016 年，农村居民人均食用植物油消费量占城镇居民人均食用植物油消费量比重均值为 70.23%，2004 年城镇居民人均食用植物油消费量更是农村居民的 1.16 倍，城乡差距达到最大值。直到 2008 年后，城乡居民人均食用植物油消费量差距才逐步缩小。

3. 日均消费

人体营养和健康的长期保障需要合理的膳食结构，食物种类多样化和食物摄入量适度是平衡膳食模式的基本原则。目前，我国高血压、肥胖等慢性疾病发病率居高不下的原因正是在于油、盐、脂肪等过量摄入，根据《中国居民膳食指南》，居民每日食用油摄入量应控制在 25~30 克范围内，以培养清淡饮食的习惯。为详细对比，图 3-9 中加入居民食用油日均摄入参考量范围，可以发现：城镇居民并未超过居民食用油日均摄入参考量的合理范围，反而是部分年份临近于正常摄入量最低标准（可能是因为仅有城乡居民日均食用植物油数据，一定程度上降低了居民实际日均食用油消费量),其在 2006~2009 年、2015 年及 2016 年则属于食用油正常摄入范围,不存在食用植物油过量摄入情况;就农村居民而言,排除 2015 年及 2016 年,其食用植物油摄入量皆低于正常摄入标准,中国农村居民的饮食质量安全有待提升。

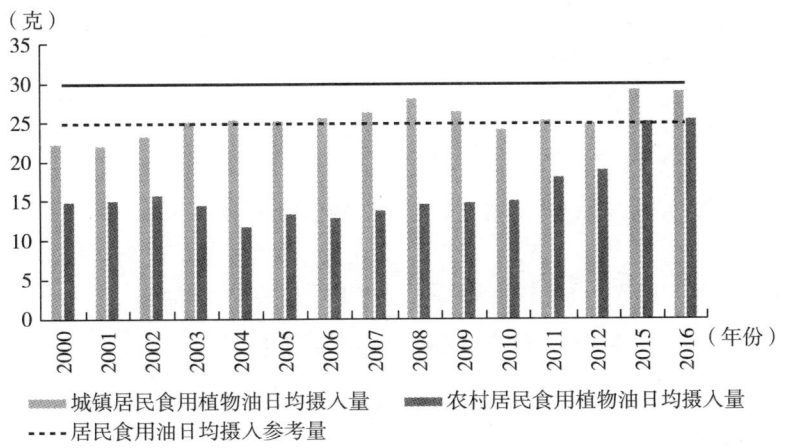

图 3-9　中国城乡居民食用植物油日均摄入量对比

资料来源:2001~2017 年《中国统计年鉴》。

(二)城乡居民食用植物油消费支出变化

城乡居民食用植物油消费支出变化可以从侧面反映城乡居民食用植物油的消费量。由图 3-8 与图 3-10 对比可知,衡量城乡居民食用植物油消费量与消费支出的折线图走向基本一致,城镇居民人均食用植物油支出高于农村居民。2016 年我国城镇居民和农村居民的人均食用植物油消费支出分别为 148.72 元和 130.48 元,相较于 2000 年的城(乡)居民人均食用植物油消费支出分别上升 121.72% 和 191.25%。显而易见,农村居民食用植物油消费支出的上升速度快于城镇居民,应该是农村居民生活改善、城乡居民收入差异逐步缩小的结果。

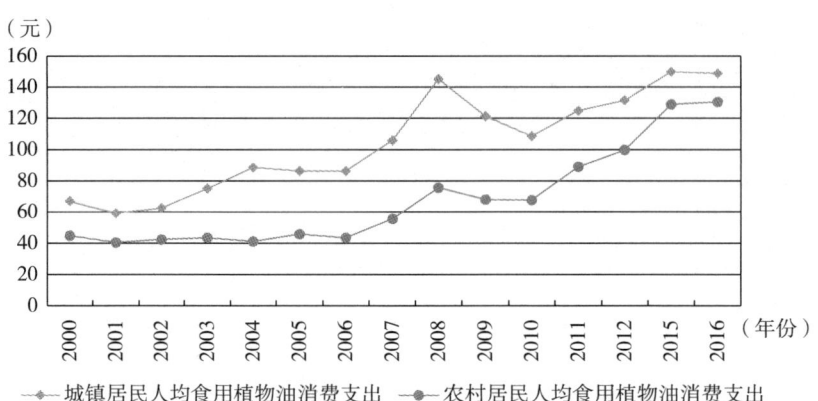

图 3-10 中国城乡居民人均食用植物油消费支出

资料来源：2001~2017 年《中国统计年鉴》及美国农业部（USDA）。

如图 3-11 所示，当城乡居民人均食用植物油消费支出处于不断上升状态时，其与城乡居民食品支出、城乡居民总消费支出的比重的变化趋势却恰恰相反，这在一定程度上说明城乡居民生活消费更加倾向于健康饮食消费，追求合理的膳食结构及合理的食用植物油摄入。2016 年我国城镇居民和农村居民的食用植物油消费支出与其食品支出之比分别为 2.2% 和 3.9%，相较于 2000 年的城（乡）居民食用植物油消费支出与其食品支出之比分别下降 35.79% 和 26.83%，较高的收入水平和多样化的饮食消费需求，使城镇居民食用植物油的消费支出比重下降较快，但城镇居民食用植物油的消费支出比重始终低于农村居民。就城乡居民食用植物油消费支出与其总消费支出比重来看，同样存在该类现象，2016 年城乡居民食用植物油消费支出与其总消费支出比重相较于 2000 年皆下降 51.98%。这说明城乡居民收入水平不断提高及消费结构越来越复杂，食用植物油的消费比重越来越低；此外，城乡居民对食用植物油的需求收入弹性较高，食用植物油消费属于低档消费。

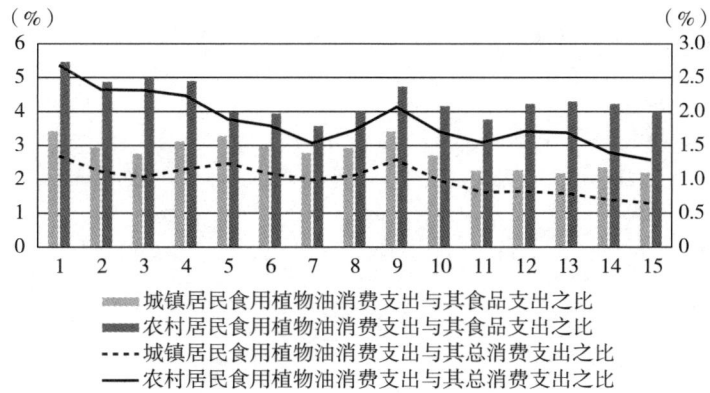

图 3-11 中国城乡居民食用植物油消费支出水平对比分析

资料来源：2001~2017年《中国统计年鉴》及美国农业部（USDA）。

三、南北居民食用植物油消费变迁

我国地域辽阔，受自然环境和气候条件等方面的影响，以秦岭淮河一线为界，可将我国各省划分为南北两个地区，从菜系看，南方菜系优势明显，有广东的粤菜、四川的川菜、湖南的湘菜、江浙的杭帮菜等，相比之下，北方似乎没有独立的菜系，但东北菜也受到广泛的喜爱；从菜量看，南方以小而精见著，北方体现更多的可能是粗犷，菜量多但品种相对较少。可以看出，我国南北地区饮食文化丰富多彩，饮食结构和饮食习惯均存在较大的差异性，相应地，南北地区食用植物油在消费数量、消费支出和消费结构等方面也存在显著差异，具体来看：

(一) 食用植物油消费数量

1. 食用植物油总消费量

从图3-12可以看出，2000年以来，我国南北地区居民食用植物油总消费量均呈上升趋势，分地区看，北方地区2004年居民食用植物油总消费量为3879.80千吨，2017年居民食用植物油总消费量为7990.34千吨，增长了4110.54千吨，年均增长率为4.10%；南方地区2004年居民食用植物油总消费量为8471.62千吨，2017年居民食用植物油总消费量为18685.59千吨，增长了10213.97千吨，年均增长率达4.49%，比北方地区多0.39个百分点。考虑到南方地区省份多于北方地区，因此，无法从南北地区居民食用植物油总消费量差异较大的特征，说明我国南方地区居民食用植物油消费量高于北方地区，需要结合南北地区居民人均食用植物油消费量进一步说明。

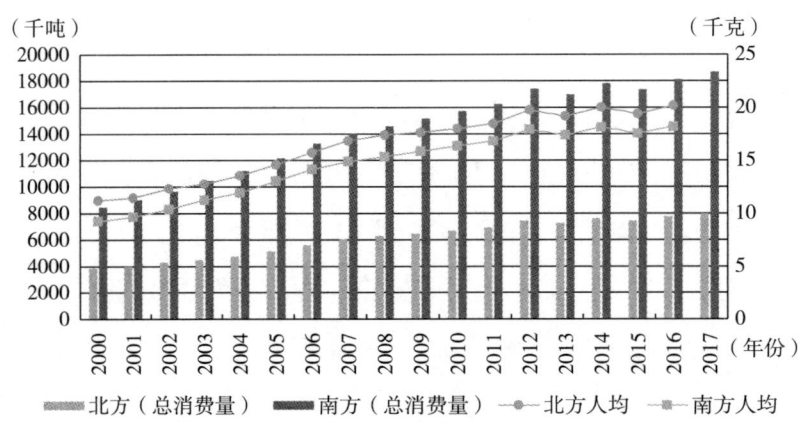

图3-12 南北地区食用植物油总消费量和人均消费量变化趋势

资料来源：布瑞克数据库。

2. 食用植物油人均消费量

根据图3-12，从数量上看，我国南北地区居民食用植物油人均消费量每年维持在 10~20 千克，其中，北方地区食用植物油人均消费量略高于南方地区，原因在于我国北方地区气温比南方低，尤其在冬季，北方居民饮食中动物类食物所占比重会增加，因此植物油消费量会相应增加，相比之下，南方地区饮食较为清淡，多以植物类食物为主，即使存在部分菜系下油重，但以精致、精细和精巧为特征的饮食习惯在一定程度上也会降低居民食用植物油的摄取量。从变化趋势看，我国南北地区食用植物油人均消费量变化趋势基本保持一致，各地区居民食用植物油人均消费量可具体划分为三个阶段：2004~2008 年，南北地区居民食用植物油人均消费量增长率较高，增长幅度较大；2008~2012 年，南北地区居民食用植物油人均消费量增长率有所下降，各地区居民食用植物油增长数量相对较小；2012~2017 年，南北地区居民食用植物油人均消费量增长放缓，人均消费量年际之间出现小幅波动。

3. 食用植物油日均摄入量

根据《中国居民膳食指南》推荐，成人每人每天食用油摄入量在 25~30 克为宜。从我国南北地区居民食用植物油日均摄入量来看，2003 年开始，我国南北地区居民食用植物油日均摄入量均高于最佳摄入量，南北地区居民食用植物油日均摄入量分别为 30.82 克和 34.97 克，2017 年，南北地区居民食用植物油日均摄入量增长至 49.86 克和 55.29 克，分别增长了 61.78% 和 58.11%。从增长趋势看，南北地区居民食用植物油日均摄入量均呈增长态势，近两年有所下降，原因在于随着经济发展，各地区居民膳食结构和饮食观念均发生较大变化，全民养生观念逐渐兴起，油脂类摄入比重将逐渐降低。可以看出，现阶段我国各地区居民日均植物油摄入量显著高于最佳摄入量上限，居民食用植物油日均摄入量维持在适宜范围内完全能够满足人体多样化和营养平衡的需求，因此，无论是从营养健康角度还是可持续发展角度，我国各地区居民食用植物油日均摄入量可能还将进一步下降。我国南北地区居民食用植物油日均摄入量变化趋势如图 3-13 所示。

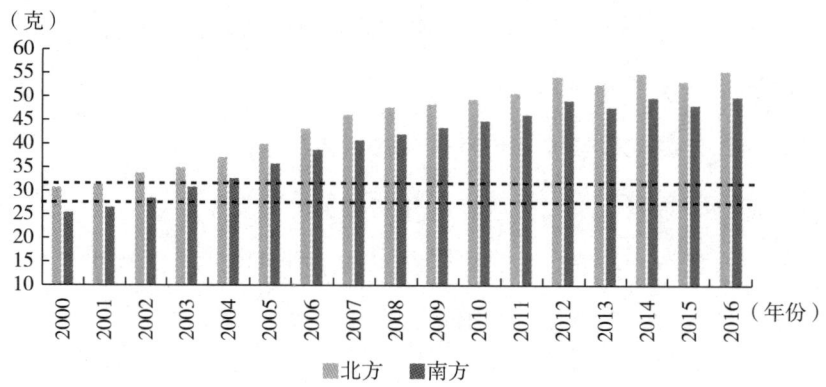

图 3-13 南北地区食用植物油日均摄入量变化趋势

资料来源：布瑞克数据库。

（二）食用植物油消费支出

1. 食用植物油消费支出

根据图 3-14，我国南北地区居民食用植物油人均全年消费支出可以划分为三个阶段：2000~2008 年，各地区居民食用植物油消费支出呈增长态势；2009 年，受金融危机的影响，各地区食用植物油单价降低，居民购买力有所下降，因而居民食用植物油消费支出下降，此后，各地区居民食用植物油消费支出缓慢增长；2012~2016 年，各地区居民食用植物油消费支出水平较为平稳，原因在于近年来各地区居民食用植物油人均消费量相对平稳。从变化趋势看，我国南北地区居民食用植物油消费支出变动趋势保持一致，其中，北方地区居民食用植物油消费支出略高于南方地区。

2. 食用植物油消费金额占总消费金额的比重

根据图 3-15，南北地区居民食用植物油人均全年消费金额占总消费金额的比重均在波动中下降，两者变化趋势一致，其中，北方地区居民食用植物油人均全年消费金额占总消费金额的比重略高于南方地区，近年来南北地区之间的差值

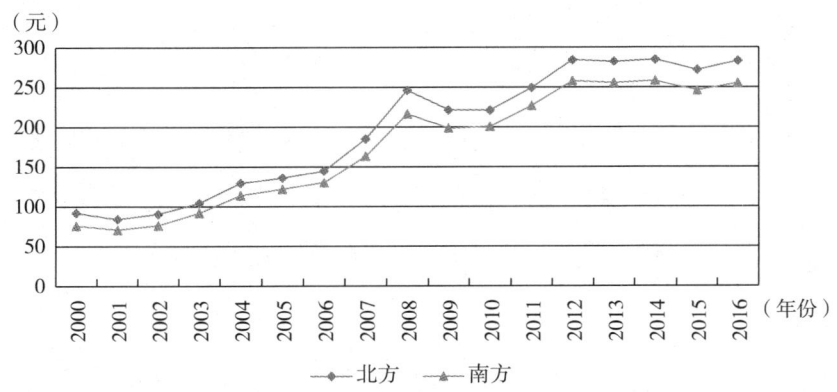

图 3-14 南北地区食用植物油人均消费支出

资料来源：布瑞克数据库。

有所下降，具体来看：2004年，南北地区居民食用植物油人均全年消费金额占总消费金额的比重分别为2.44%和3.05%，截至2016年，南北地区居民食用植物油人均全年消费金额占比降为1.16%和1.46%，分别下降了1.28%和1.39%。原因在于随着经济的快速发展，各地区居民生活水平不断提高，人们更加注重饮食的健康性，对于食用植物油的摄取量以适量为准，因此食用植物油等生活必需品消费支出在居民总消费支出的比重在逐渐下降。

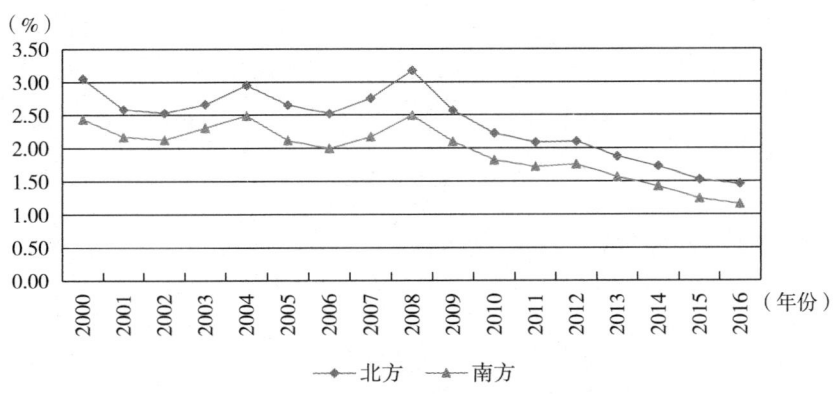

图 3-15 分地区人均植物油消费金额占总消费金额百分比

资料来源：布瑞克数据库。

(三) 消费结构变化

我国食用植物油消费品种主要集中在大豆油、菜籽油、花生油和棕榈油四大类，从南北地区居民食用植物油消费结构来看，我国北方地区大豆油消费数量基本保持在四类食用植物油消费数量之首，大豆油消费比重逐年增加，从2000年的49.76%增长至2016年的71.41%，增加了21.65个百分点，菜籽油和花生油消费量相对较少，占总消费量的比重呈下降态势，2016年，两种植物油消费数量占比之和仅为12.81%，棕榈油消费数量年际之间变化较大，2003年之后，北方地区居民棕榈油消费数量保持在2千克以上，如图3-16所示。

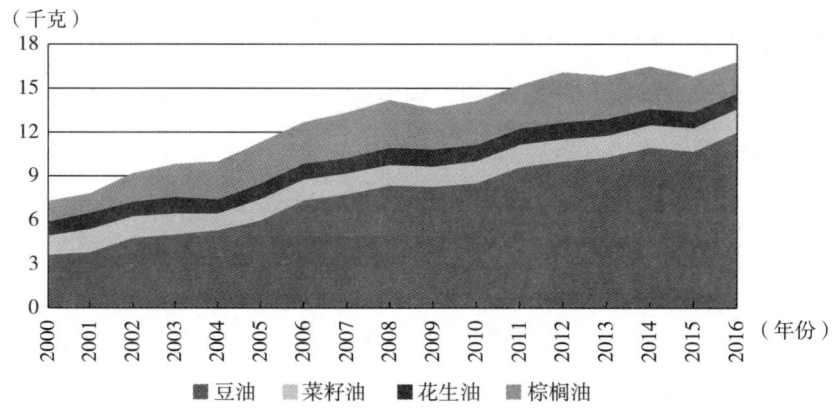

图3-16 北方地区居民食用植物油消费结构

资料来源：布瑞克数据库。

不同于北方地区，我国南方地区居民食用植物油以大豆油和菜籽油为主，其中，大豆油消费数量逐年增加，从2000年的2.40千克增长至2016年的7.05千克，增长了1.94倍，与大豆油不同，菜籽油消费数量年际之间变化不大，基本维持在3.5千克左右，但占居民食用植物油消费量的比重呈下降态势。南方地区居民食用花生油数量不大,近年来消费数量有所下降,主要在于花生油价格比其他食用植物油要高,因此受众范围小。南方地区居民棕榈油消费数量变化趋势与北方较为相似,呈小幅波动状态,如图3-17所示。

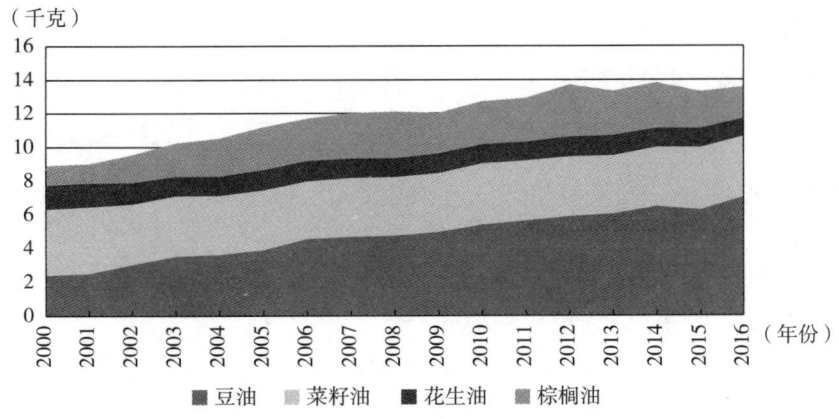

图3-17 南方地区居民食用植物油消费结构

资料来源:布瑞克数据库。

四、东、中、西部居民食用油消费变迁

我国国土面积辽阔,各地区无论是经济发展水平还是居民生活习惯等方面都具有较大的区域性特征,具体到食用植物油消费,受居民收入水平和饮食习惯等因素的影响,我国东、中、西部地区之间的消费数量、消费支出和消费结构都存在很大差异,具体来看:

(一) 食用植物油消费数量

1. 食用植物油总消费量

根据图3-18，我国居民食用植物油总体呈增长趋势，各地区居民食用植物油总消费量的变化趋势基本一致，相比之下，我国东部地区居民食用植物油全年消费量最高，中部地区次之，西部地区最低。分阶段看，2000~2012年，各地区居民食用植物油消费量增长较快，东、中、西部地区居民食用植物油消费量分别增加5740.68千吨、3536.72千吨和3216.05千吨，年均增长率分别为5.19%、5.57%和6.18%；2012~2017年，各地区居民食用植物油消费量年际之间变化不大，各地区居民食用植物油消费量年均增长率均有所下降，东、中、西部地区居民食用植物油全年消费量分别增加893.56千吨、500.94千吨和436.57千吨，年均增长率降为1.21%、1.16%和1.19%，分别下降了3.98%、4.41%和4.99%。

2. 食用植物油人均消费量

从图3-18可以看出，各地区居民食用植物油人均消费量呈稳步上升趋势。从消费数量看，东部地区居民食用植物油人均消费量最高，中部地区和西部地区食用植物油人均消费量基本相同，截至2016年，我国东、中、西部地区居民食用植物油人均消费量分别为21.67千克、16.80千克和16.53千克，与2000年相比，分别增加了9.10千克、8.49千克和8.87千克。从消费量增长率看，2000~2006年，各地区居民食用植物油人均消费量增长速度较快，年均增长率分别为5.16%、5.90%和7.03%；2006~2012年，各地区居民食用植物油人均消费量增长速度放缓，年均增长率指标降为2.56%、4.10%和4.07%；2012年之后，各地区居民食用植物油人均消费量保持相对平稳状态，年均增长率持续下降，分别为0.31%、0.43%和0.28%。

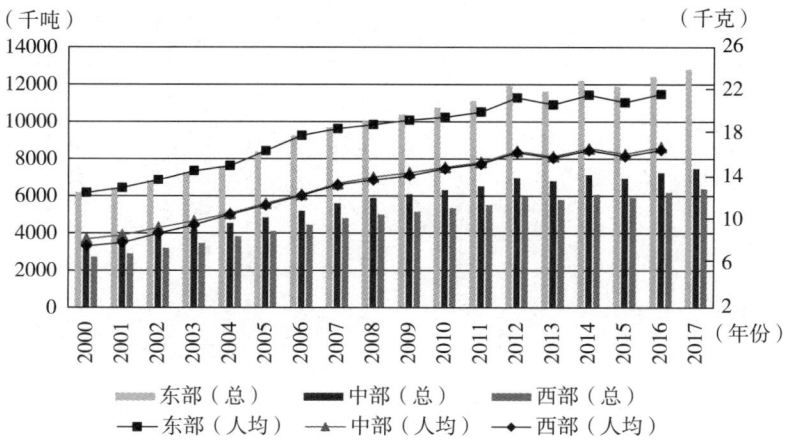

图 3-18 分地区食用植物油总消费量和人均消费量变化趋势

资料来源：布瑞克数据库。

3. 食用植物油日均摄入量

从图 3-19 可以看出，东部地区居民食用植物油日均摄入量最高，并且高于最佳摄入量（25~30 克），中、西部地区居民食用植物油日均摄入量较低，2006 年，中、西部地区食用植物油日均摄入量开始超过最佳摄入量，截至 2016 年，我国东、中、西部地区居民食用植物油日均摄入量分别为 59.38 克、46.03 克和 45.28 克，分别超过最佳摄入量上限（30 克）29.38 克、16.03 克和 15.28 克，远远高于食用植物油日均摄入量的合理范围，对身体健康造成了一定的负担，容易导致居民高血压、高血脂和高胆固醇等疾病的产生。从增长趋势看，各地区居民食用植物油日均摄取量增长速度有所下降，主要原因在于居民膳食结构和饮食观念发生了较大变化，少油少盐等健康的生活方式逐渐兴起，各地区居民开始关注食用植物油摄入量过多对健康的负面影响。因此，无论是满足自身健康的需要还是从可持续发展的角度，食用植物油日均摄入量仍需进一步减少。

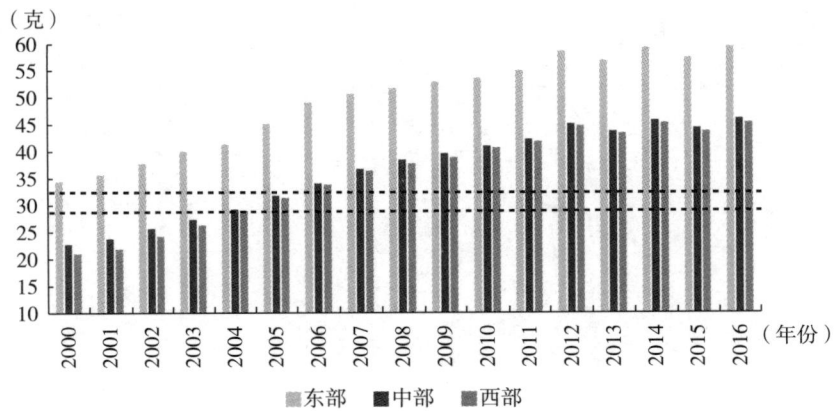

图 3-19 分地区食用植物油日均摄入量

资料来源：布瑞克数据库。

（二）食用植物油支出变化

1. 食用植物油消费支出

根据图 3-20，各地区居民食用植物油人均全年消费支出变动趋势基本保持一致，其中，东部地区居民食用植物油消费支出远高于中、西部地区。分阶段看，2000~2008 年，各地区居民食用植物油人均消费支出呈增长趋势，年均增长率分别为 11.10%、12.57% 和 13.35%；受金融危机影响，2009 年，各地区食用植物油消费支出显著降低；2008~2012 年，各地区居民食用植物油消费支出缓慢增长，年均增长率降为 2.88%、3.61% 和 3.83%；2012 年之后，各地区居民食用植物油消费支出保持相对稳定状态，部分年份居民食用植物油消费支出出现下降现象。

2. 食用植物油消费支出占总消费支出的百分比

根据图 3-21，各地区居民食用植物油人均消费金额占总消费金额的比重在波动中下降，各地区变化趋势一致。分阶段看，2008 年之前，各地区居民食用

第三章 我国食用油消费情况

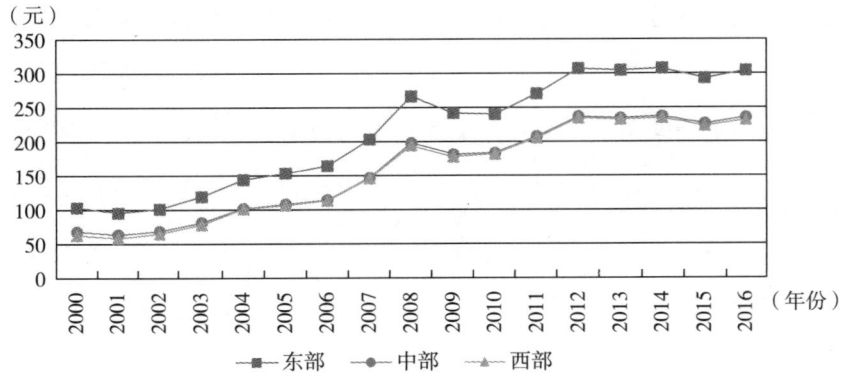

图 3-20 分地区食用植物油人均消费支出

资料来源：布瑞克数据库。

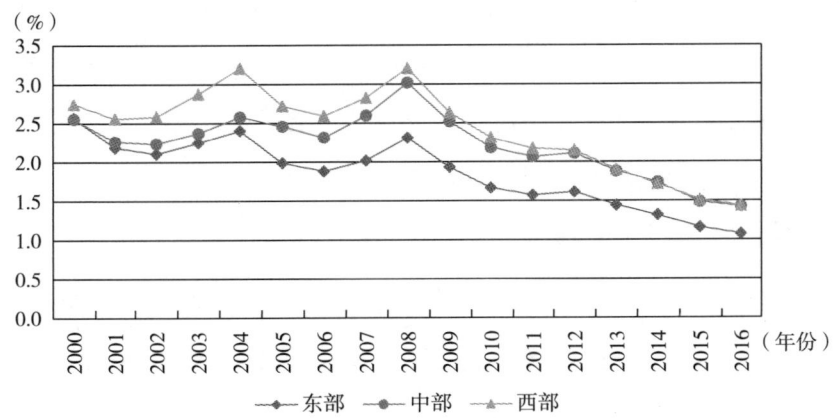

图 3-21 分地区居民食用植物油消费金额占总消费金额百分比

资料来源：布瑞克数据库。

植物油人均消费金额占总消费金额的比重波动较大，2008 年之后，各地区居民食用植物油人均消费金额占总消费金额的比重呈下降趋势，2016 年，东、中、西部地区居民食用植物油人均消费金额占总消费金额的比重分别为 1.07%、1.43% 和 1.44%，与 2008 年相比，各指标分别下降 1.24%、1.39% 和 1.76%。

分地区看，我国西部地区居民食用植物油人均消费金额占总消费金额的比重最高，中部次之，东部地区最低，原因在于我国东、中部地区经济发展水平相对较高，食用植物油消费属于一种低档品消费，但对西部地区居民来说可能仍属于一种生活必需品，食用植物油对西部地区居民来说基础性地位似乎更加显著，因此占居民总消费支出的比重高于东、中部地区，近年来，随着生活水平的提高和健康消费观念的影响，食用植物油消费金额占总消费金额的比重有所下降，未来该指标仍会进一步降低。

（三）食用植物油消费结构变化

从各地区居民食用植物油消费结构看，东部地区居民大豆油消费量较高且呈逐年递增趋势，2000年，东部地区居民大豆油消费占比为40.16%，到2016年，东部地区居民大豆油消费占比已增至63.75%，增长了23.59个百分点，大豆油消费数量从2000年的3.78千克增长至2016年的10.52千克，增加了6.74千克。菜籽油和花生油居民消费量占比相对较少，且年际之间消费量变化不大，菜籽油消费量每年维持在2千克左右，受价格影响，花生油消费量每年维持在1.5千克左右，2000~2012年，东部地区棕榈油消费数量呈增长态势，2012~2016年，棕榈油消费数量有所下降，各食用植物油的消费变化情况如图3-22所示。

与东部地区不同，中、西部地区居民菜籽油消费数量较高，每年居民消费量维持在3~4千克。各地区大豆油消费数量呈逐年递增趋势。具体来看：2000年，中、西部地区居民大豆油消费数量分别为2.27千克和1.84千克，到2016年，中、西部地区居民大豆油消费数量分别增长至6.49千克和7.45千克，年均增长率分别为6.38%和8.59%。中、西部地区花生油消费数量在四种油料消费中位居第四，且消费份额不断下降，其中，西部地区居民花生油消费数量每年维持在0.5千克左右，西部地区花生油消费数量占比从2004年的7.54%下降到4.10%，

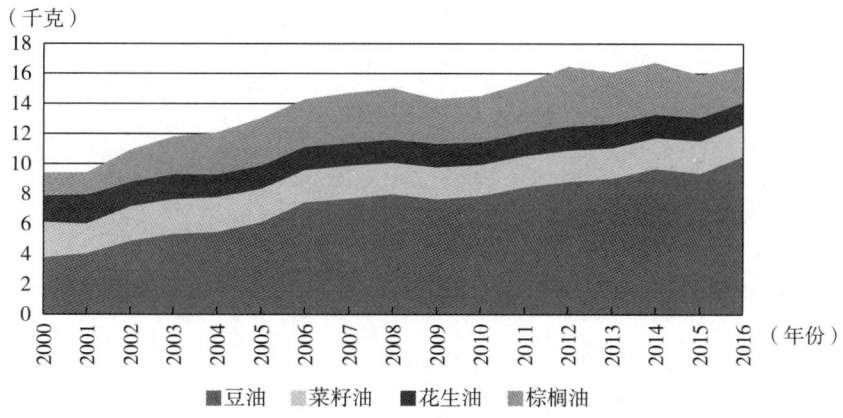

图 3-22　东部地区居民食用植物油消费结构

资料来源：布瑞克数据库。

主要原因在于花生油的市场零售价格比其他主要食用植物油品种高，因此消费群体一直较小。与东部地区相同，中、西部地区棕榈油的消费数量均呈上升趋势，居民棕榈油消费份额也相应增加，2012年之后，中、西部地区棕榈油的消费数量和消费占比均有所下降。中、西部地区居民食用植物油消费结构变化如图 3-23 和图 3-24 所示。

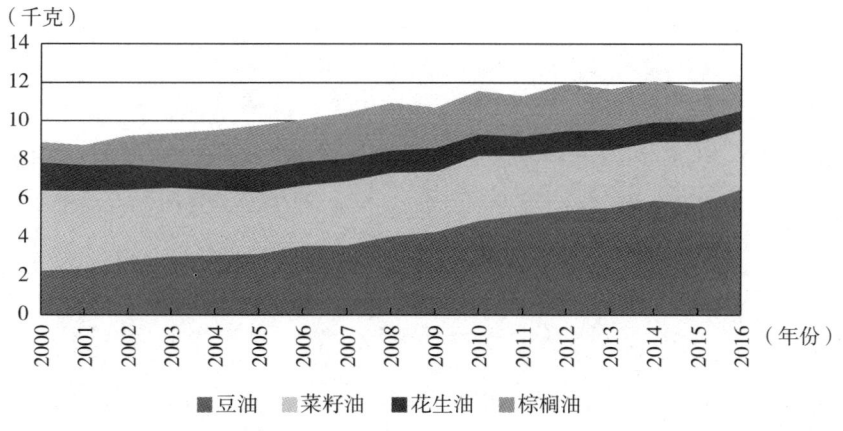

图 3-23　中部地区居民食用植物油消费结构

资料来源：布瑞克数据库。

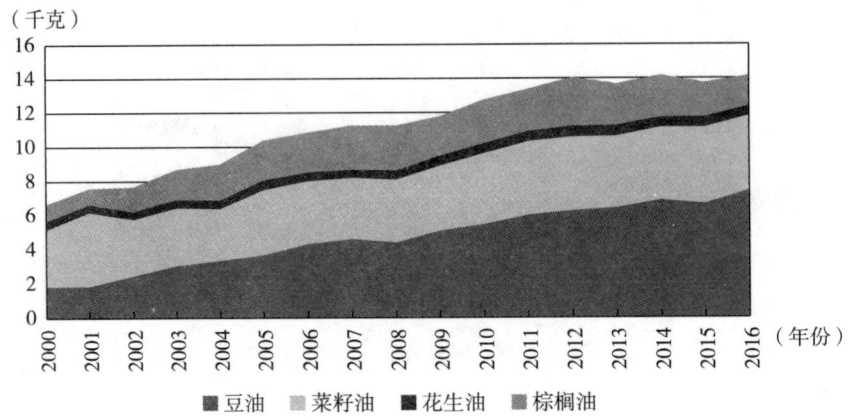

图3-24 西部地区居民食用植物油消费结构

资料来源：布瑞克数据库。

五、全国油料浪费情况

（一）全国分品种油料浪费量

本章通过对全国、城乡以及各地区的食用植物油消费情况进行统计，获得各省份分品种植物油人均消费数量，并与《中国居民膳食指南》中的植物油消费参考值进行比较，可以对中国居民食用植物油的浪费情况进行初步判断。

根据2017年植物油消费结构显示，豆油、菜籽油和花生油的消费总量占植物油消费总量的近80%，因此本章选取豆油、菜籽油及花生油三种植物油品种进行浪费情况分析，并依据各品种出油率将植物油浪费量折算为油料浪费量。

表3-1显示的是大豆、油菜籽和花生三种油料品种的出油率情况，出油率是指大豆、油菜籽等油料植物榨取时每份油料植物榨取的油料数量，同一种类不

同质量等级的油料以及不同榨油机器都会影响出油率。这里的大豆是指达到 GB 1352 规定的三级标准,花生达到 GB/T1363 规定的三级标准,油菜籽达到 GB/TT11762 规定的四级标准。按照 JB/T9703.2—1999 标准附录中规定的按照榨油工艺流程进行加工所实现的指标,本报告取选各品种出油率区间的平均值作为油料消耗量的折算依据,大豆、油菜籽和花生的出油率分别为 15%、37.5% 和 45%。

表 3-1 各油料品种出油率情况

原料	出油率(%)	平均出油率(%)
大豆	12~18	15
油菜籽	30~45	37.5
花生	40~50	45

根据表 3-2,从居民油料消费量和浪费量指标来看,我国居民大豆消费量和浪费量最高,油菜籽次之,花生油最低,从浪费比指标看,我国居民大豆浪费比指标较高,花生浪费比略低于大豆,油菜籽浪费比最低。具体来看,2000 年,我国居民大豆消费量为 23021.03 千吨,浪费量为 2198.70 千吨,浪费比为 9.55%,油菜籽消费量为 10795.95 千吨,浪费量为 362.20 千吨,浪费比为 3.35%,花生消费量为 3642.65 千吨,浪费量为 274.13 千吨,浪费比为 7.53%。截至 2017 年,我国居民大豆消费量和浪费量分别为 79986.73 千吨和 35687.72 千吨,浪费比增至 44.73%,油菜籽消费量和浪费量分别为 11247.89 千吨和 4524.13 千吨,浪费比为 40.22%,大豆和花生之间的浪费比差值逐渐减小,花生消费量为 3402.53 千吨,浪费量为 1495.19 千吨,浪费比增至 43.94%,与大豆浪费比指标仅差 0.79%,大豆、油菜籽和花生浪费比指标年均增长率分别为 8.96%、14.80% 和 10.3%,其中油菜籽浪费比年均增长率最高。从上述指标可以看出,我国居民食用植物油消费量远高于人体适宜摄入量,不仅容易引起心脑

血管疾病、高血压、高血脂等代谢类疾病，还造成了油料不同程度的浪费，因此，无论是从健康角度还是从可持续发展的角度，适宜的植物油摄入量均是有益的。

表3-2 全国居民分品种油料消费量、浪费量和浪费比　　单位：克，%

年份	大豆			油菜籽			花生		
	消费量	浪费量	浪费比	消费量	浪费量	浪费比	消费量	浪费量	浪费比
2000	23021.03	2198.70	9.55	10795.95	362.20	3.35	3642.65	274.13	7.53
2001	24512.40	2627.54	10.72	11349.30	403.88	3.56	3774.63	364.36	9.65
2002	29950.24	4037.04	13.48	10348.24	635.69	6.14	3396.98	396.02	11.66
2003	33551.09	5525.55	16.47	10260.06	883.28	8.61	3292.99	526.42	15.99
2004	35115.08	6599.17	18.79	9843.77	1122.08	11.40	3136.84	546.41	17.42
2005	38292.41	9182.93	23.98	10236.54	1553.94	15.18	3331.64	698.23	20.96
2006	45943.52	13502.73	29.39	9954.03	2093.42	21.03	3357.53	876.62	26.11
2007	47987.90	15904.18	33.14	10215.72	2564.47	25.10	3232.22	961.55	29.75
2008	50266.03	17493.34	34.80	10207.93	2799.72	27.43	3327.62	1077.38	32.38
2009	51792.76	18515.03	35.75	10283.45	3022.15	29.39	3484.18	1179.00	33.84
2010	55693.81	20510.72	36.83	10802.29	3406.48	31.53	3363.38	1202.98	35.77
2011	60280.11	23230.78	38.54	10693.46	3595.93	33.63	3313.70	1249.93	37.72
2012	63251.80	26723.25	42.25	10734.43	4057.65	37.80	3479.56	1443.18	41.48
2013	65260.20	26476.68	40.57	10495.92	3757.66	35.80	3548.76	1408.14	39.68
2014	70282.87	30224.34	43.00	10714.69	4124.15	38.49	3407.04	1435.66	42.14
2015	68640.13	28288.84	41.21	11349.20	4136.05	36.44	3441.09	1384.48	40.23
2016	77499.93	33545.72	43.28	11100.03	4294.09	38.69	3303.11	1399.18	42.36
2017	79786.73	35687.72	44.73	11247.89	4524.13	40.22	3402.53	1495.19	43.94

（二）全国分品种油料浪费趋势

如图3-25、图3-26与图3-27所示，2000~2017年，我国居民大豆、油菜籽及花生三类油料浪费数量和浪费比总体均呈上升趋势。现分油料品种具体分析：就大豆而言，2017年我国居民大豆浪费量达到35687.72千吨，相较于2000年的居民大豆浪费量上升了近16倍，其中，2006年同比增长幅度最大，达到47.04%。油菜籽的浪费量相对较少，2017年居民浪费量为4524.13千吨，仅为大豆同年浪费量的12.68%，但相较于2000年的居民油菜籽浪费量上升了近12倍，浪费规模较大，接近于大豆浪费量的上升速度。与前两类油料相比，花生浪费量最少，2017年我国居民花生浪费量达到1495.19千吨，分别为大豆和油菜籽同年浪费量的4.19%、33.05%，虽然相较于2000年的居民花生浪费量上升了近4.5倍，但其上升速度远慢于大豆、油菜籽。总体来说，样本期间三类油料的浪费量与自身初始浪费量相比均有不同程度的增长率，大豆浪费速度最快，油菜籽次之，花生浪费速率最低。

不同油料具有不同的浪费增长率，这主要与居民的生活水平和饮食习惯偏好、食用植物油的价格及油料出油率相关。随着居民生活水平的日益提高，饮食消费支出相应增长，食用植物油的消费量及浪费量也相应上升。按照我国居民饮食偏好划分，大豆油是众多家庭之选，再加上它是三类食用植物油中价格最低者，其成了消费量最多的食用植物油，油菜籽油次之，花生油最低，因此大豆油成为浪费水平最高的食用植物油，大豆也相继成为浪费比最高的油料。当然，大豆的高浪费率也与其本身的出油率相关，由表3-1可知，大豆出油率的最高水平是油菜籽出油率的平均水平，是花生出油率平均水平的40%，所以低出油率是大豆高浪费率的重要原因之一。值得注意的是，虽然由于饮食偏好、价格低廉、出油率低等原因使大豆浪费量较高，但我国从1996年开始就进口大豆，2017年大豆进口量已达到9554万吨。2017年，3568.78万吨的大豆浪费量提醒我们大豆消费的可持续性，理应合理控制油料消费水平，降低大豆这类对外依存度较高的油料的浪费率，如图3-25~图3-27所示。

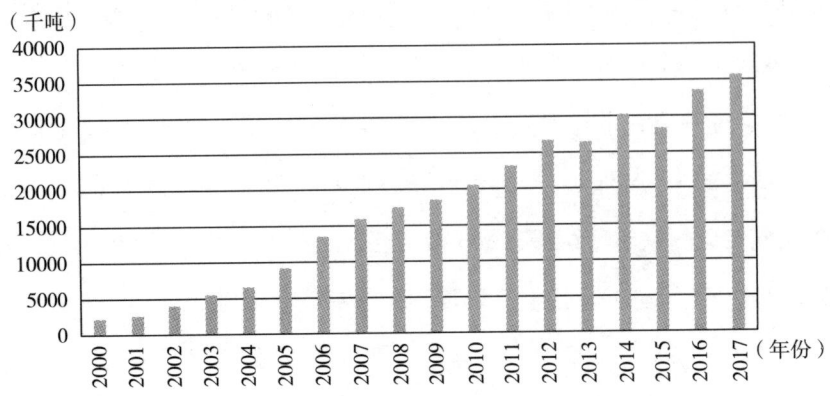

图 3-25　全国居民大豆浪费量

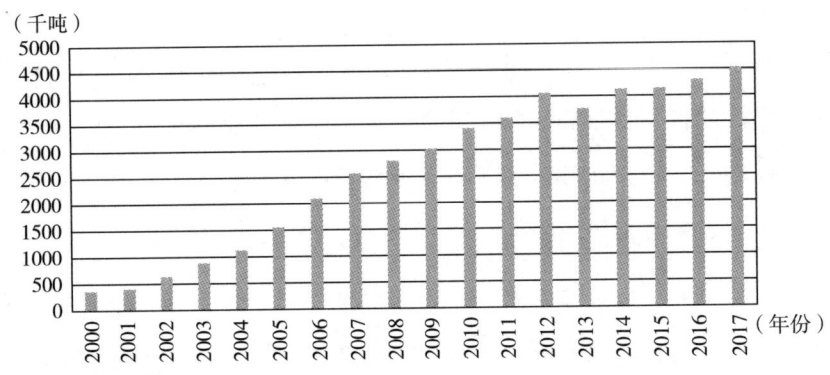

图 3-26　全国居民油菜籽浪费量

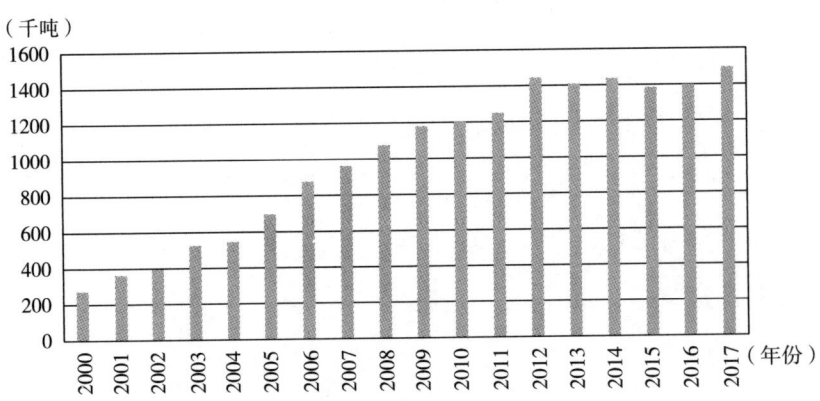

图 3-27　全国居民花生浪费量

本章全国油料品种浪费情况所涉及的数据处理折算公式整理如下:

(1) 各省居民植物油年均浪费量

= 各省居民植物油年均消费量 – 居民植物油年均消费参考量

= 各省居民植物油年均消费量 – 各省年末人口数 × 30 × 365

其中,植物油人均日消费参考值为 25~30 克,这里以日均消费 30 克作为消费标准进行计算。

(2) 各省居民大豆油年均浪费量

= 各省居民植物油年均浪费量 × $\dfrac{各省居民大豆油年均消费量}{各省居民植物油年均消费量}$

(3) 各省居民菜籽油年均浪费量

= 各省居民植物油年均浪费量 × $\dfrac{各省居民菜籽油年均消费量}{各省居民植物油年均消费量}$

(4) 各省居民花生油年均浪费量

= 各省居民植物油年均浪费量 × $\dfrac{各省居民花生油年均消费量}{各省居民植物油年均消费量}$

(5) 各省居民大豆油浪费量 = $\dfrac{各省居民年均大豆油浪费量}{大豆出油率}$

(6) 各省居民菜籽油浪费量 = $\dfrac{各省居民年均菜籽油浪费量}{菜籽油出油率}$

(7) 各省居民花生油浪费量 = $\dfrac{各省居民年均花生油浪费量}{花生油出油率}$

第四章　农村食物浪费情况

一、调查背景与目的

(一) 研究背景

粮食安全问题关系着一个国家的稳定与安全,粮食安全是人们一直关注的焦点问题 (李冬岩等,2009)[①]。同时,我国作为粮食消费大国,由于人口总量的持续增长、城镇化和人民生活水平的提高,粮食需求不断增加,粮食消费总量实现"十三连增",消费量年均增速达到3.3%。在粮食产量年增速波动显著的情况下,粮食生产压力增大,粮食供需矛盾日益显现。据国家有关部门测算,我国粮食产后储藏、运输、加工等环节的损失浪费总量每年达700亿斤以上,远超餐饮环节的"舌尖上浪费"。农户存粮因缺乏技术和相关设施,产后损失量十分惊

---

① 李冬岩,张兴昌,高照良,郭宝安. 试论我国粮食安全问题及对策 [J]. 产业与科技论坛,2009 (4):21-30.

人,成为"餐前损耗"的主力;部分粮库仓容不足,采取露天储粮,造成粮食过量损耗;田间收获机械"遗漏",米企过度加工精制米,也造成粮食"隐形"浪费(孙英威等,2014)①。

2011年5月16~17日,在德国杜塞尔多夫召开的"节约粮食!"国际会议上,联合国粮食与农业组织公布了其委托第三方瑞典食品和生物技术研究所撰写的《全球粮食损失和粮食浪费》报告,报告指出,全世界每年为人类消费而生产的粮食有大约1/3(大约13亿吨)丧失或被浪费。

近年来,我国粮食供求处于紧平衡状态,近年来粮食进口量持续增加,每年进口的谷物和大豆在500亿千克以上,而每年又白白地损失浪费上千亿斤粮食。据有关专家研究测算,我国粮食产后仅储藏、运输、加工等环节损失浪费总量达350亿千克以上,如果加上餐饮消费环节的浪费,粮食损失浪费更加惊人。一方面大量进口,另一方面大量损失浪费,令人十分痛心。

(二)研究目的

粮食损失浪费如不坚决遏制,不仅会加剧国内粮食供需矛盾,也与全球粮食供需形势格格不入。节约粮食、反对浪费,不仅意味着减轻国内粮食供求平衡压力,有利于保障国家粮食安全,也有利于全球粮食供求的改善(国良言,2013)②。据此,以粮食消费环节为研究切入点,研究粮食消费环节中的损失、浪费情况,分析影响消费环节粮食损失的关键因素及因素集,构建粮食消费环节损失与浪费的评估模型,成为国家确保粮食安全的重大现实问题。

---

① 孙英威等. 粮食"餐前损耗"远超"舌尖上浪费"[N]. 新华每日电讯,2014-04-25(006).
② 国良言. 减少粮食损失,反对粮食浪费[J]. 中国粮食经济,2013(3):17-18.

二、调查准备

经反复研究，课题组决定委托第三方机构开展全国农村居民粮食浪费调研，经多方联系、比较，最终确定与农业部农村经济研究中心合作开展调研。农业部农村经济研究中心于 1984 年设立全国农村固定观察点调查系统。全国农村固定观察点工作由中央政策研究室和农业部共同领导，由设立在农业部农村经济研究中心的"中央政研室、农业部农村固定观察点办公室"负责组织实施，目前有调查农户 23000 户，调查村 360 个行政村，样本分布在全国除港澳台外的 31 个省（区、市）。通过多年的调查，积累的村户经济和社会发展数据达 4 亿多个，出版了多部农村固定观察点调查分析报告集和三本全国农村固定观察点调查数据汇编。农村固定观察点调查系统已成为党中央、国务院及各级党政部门了解农村社会经济运行情况的重要窗口，以及研究问题、制定政策的重要信息来源。

课题组经反复讨论，制定了明确的调查方案，包括调查对象、内容、组织方式、数据汇总及分析方法，由农业部农村经济研究中心下发问卷到各地农村调研员。问卷填写完成后由调研员寄回农业部农村经济研究中心，并由农业部农村经济研究中心完成数据录入工作。

三、调查范围及方法

（一）调查范围

本抽样调查的总目标是综合考虑区域经济发展水平、人口结构、消费习惯、消费结构等因素，抽取具有代表性的样本群，以系统测度粮食损失浪费情况，获得粮食消费数量和浪费数量的基础数据。调查以省为总体，综合采用分层、多阶段、与人口规模大小成比例（PPS 方法）和随机等距抽样相结合的方法抽选住宅，并对抽中住宅内的住户进行调查。根据我国饮食消费特点的不同，将调查区域划分为 11 个区域进行数据采集，分别为：东北区、京津区、中北区、西北区、黄河中游区、黄河下游区、长江中游区、长江下游区、东南区、西南区、青藏高原区。并抽取代表性省市共 25 个。样本省份及各自代表的样本特征如表 4-1 所示。

表 4-1 调查样本省及样本特征

省份（市）		经济发展水平	日常主食	烹饪习惯
东北区	吉林	中等	大米	偏咸
	辽宁	中等	大米	偏咸
	黑龙江	中等	大米	偏咸
京津区	天津	发达	面食	偏咸
中北区	河北	中等	面食	偏咸
	山西	中等	面食	偏咸
	内蒙古	中等	肉类	偏咸
西北区	新疆	欠发达	面食	偏咸
黄河中游区	陕西	欠发达	面食	偏辣
	甘肃	欠发达	肉类	偏咸
	宁夏	欠发达	肉类	偏咸
黄河下游区	山东	中等	面食	偏咸
	河南	中等	面食	偏咸
长江中游区	湖北	中等	大米	偏辣
	湖南	中等	大米	偏辣
	四川	中等	大米	偏辣
长江下游区	安徽	欠发达	大米	偏辣
	江苏	发达	大米	偏甜

续表

省份（市）		经济发展水平	日常主食	烹饪习惯
东南区	福建	发达	大米	偏鲜
	江西	欠发达	大米	偏辣
	广东	发达	大米	偏鲜
	广西	欠发达	大米	偏辣
西南区	贵州	欠发达	大米	偏辣
	云南	欠发达	面食	偏辣
青藏高原区	青海	欠发达	面食	偏咸

（二）调查对象、内容及计算方法

1. 调查对象

本次调查的主要对象为被抽样的各省全国农村固定观察点系统内的农村居民。调查于2015年5月开展，共得到1545份有效调查样本。各省（市）样本分布情况如表4-2所示。

表4-2 各省（市）调查样本分布

省份（市）		各省（市）样本数量（份）	各区域样本数量（份）
东北区	吉林	173	324
	辽宁	80	
	黑龙江	71	
京津区	天津	18	18
中北区	河北	50	188
	山西	101	
	内蒙古	37	
西北区	新疆	18	18

续表

省份（市）		各省（市）样本数量（份）	各区域样本数量（份）
黄河中游区	陕西	124	235
	甘肃	61	
	宁夏	50	
黄河下游区	山东	66	166
	河南	100	
长江中游区	湖北	86	164
	湖南	36	
	四川	42	
长江下游区	安徽	81	169
	江苏	88	
东南区	福建	27	160
	江西	50	
	广东	31	
	广西	52	
西南区	贵州	29	67
	云南	38	
青藏高原区	青海	36	36

2. 调查内容

调查方式为连续3天记账式调查，被调查者通过称重食物消费前后的重量测算浪费比例。食物浪费项目主要包括面制品、米制品、薯类、豆类、猪肉、牛羊肉、禽肉、水产品和蛋类。此外，还包括被调查家庭的基本信息、家庭做饭行为、食材采购行为、食物储藏行为、食物处理行为等信息。具体内容如表4-3所示。

3. 计算方法

第1步：每户居民每天对当天准备食用的食物进行分开称重，并将不食用的部分（比如汤水、骨头等）除外。

表4-3 粮食浪费细化分类

分类名称	包含内容		备注
主食类	面制品：包括馒头、花卷、面条、饼等，水饺、肉饼等去掉馅后计入面类损失数据		少量以玉米粉、荞麦粉制作的馒头、饼类食品可放入该类进行统计
	米制品：包括米饭、米粉、稀饭以及其他以大米为原料制作的食物		稀饭中含有的玉米、豌豆、绿豆计入米类损失浪费数据
菜品	薯类、豆类、猪肉、牛羊肉、禽肉、水产品和蛋类	炒菜类	称量时将不同食材分开称量，并将骨头等不能食用部分的重量去掉
		汤类	计算时将水分尽量沥干，再进行称重计量
其他	其他各类餐饮垃圾		

第2步：对每餐倒掉的食物进行称重，并将不食用的部分（比如汤水、骨头等）除外。

第3步：计算：

$$浪费比率 = \frac{丢弃的食物重量}{浪费的重量 + 本顿吃掉的重量} \times 100\%$$

四、调查结论

（一）全国食物浪费情况

中国农村家庭平均食物浪费率为2.4%，从食物组成上看，薯类的浪费比率最高，为3.92%，其次为米制品3.83%，面制品为3.01%，蛋类的浪费比率最低，为 1.29%。肉类中，禽肉的浪费比率最高，为 2.10%，牛羊肉的浪费比率最低为 1.34%。此外，主食（面制品、米制品、薯类）的浪费比率明显高于其他食材。如图 4-1 所示。

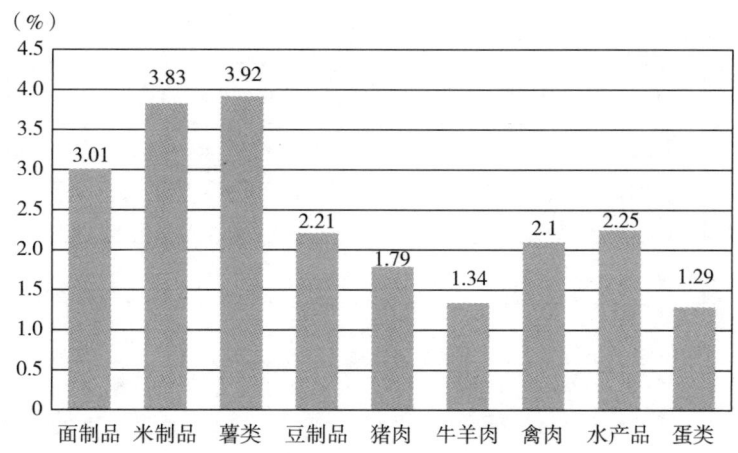

图 4-1　全国农村各类食物平均浪费率

参照《畜牧通论》《农业技术经济手册》《全国农产品成本收益汇编》，确定了各项食物消费的粮食折算系数，将我国农村的食物消费量折算成原粮当量如表 4-4 所示。

表 4-4　食品的粮食折算率

品种	粮食折算系数	品种	粮食折算系数
淀粉及薯类	1	家禽	3.2
猪肉	4.6	鲜蛋	3.6
牛羊肉	3.6	水产品	2

根据《中国统计年鉴》中的数据，通过公式：农村居民各类食物的人均消

费量×各类食物的浪费率×各类食物的粮食折算系数,得到我国农村居民各类食物原粮当量的人均浪费量和浪费总量(其中谷物包括面制品和米制品),结果分别见图4-2和图4-3。

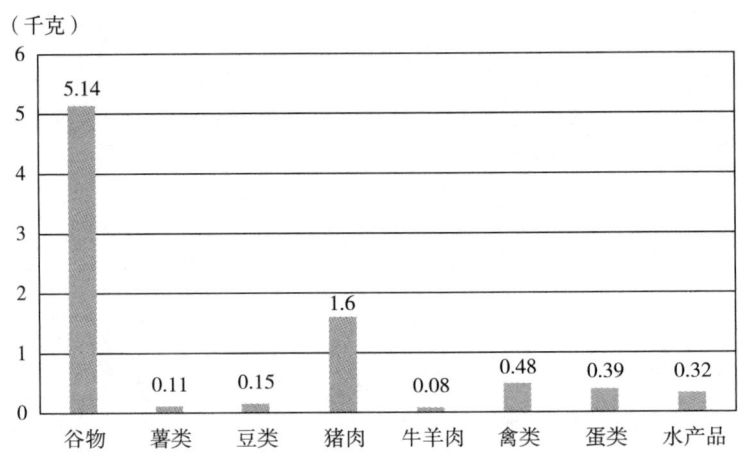

图4-2 全国农村各类食物人均浪费量(原粮当量)

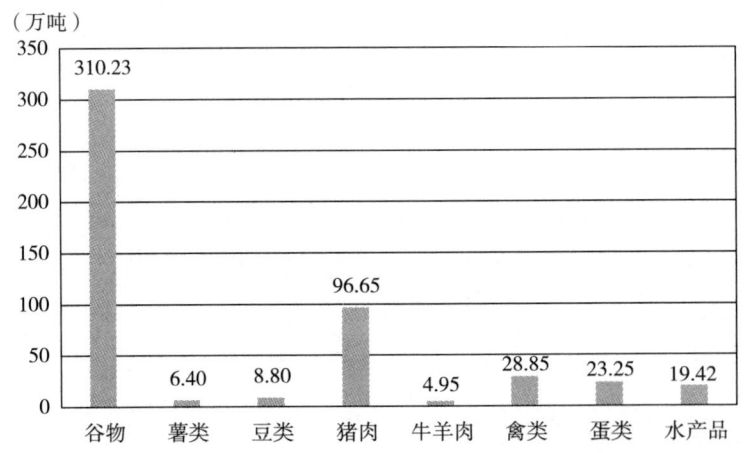

图4-3 全国农村各类食物浪费总量(原粮当量)

由图可知，无论是人均浪费量还是浪费总量，我国农村各类食物折算为原粮当量以后，谷物的浪费量最多，其次为猪肉，再次为禽类、蛋类和水产品，最后为豆类、薯类和牛羊肉，总共浪费粮食当量为 498.55 万吨。当年农村人口占全国人口的比重为 43.90%[①]，则全国浪费粮食当量约为 1135.64 万吨，各类食物的浪费总量如图 4-4 所示。

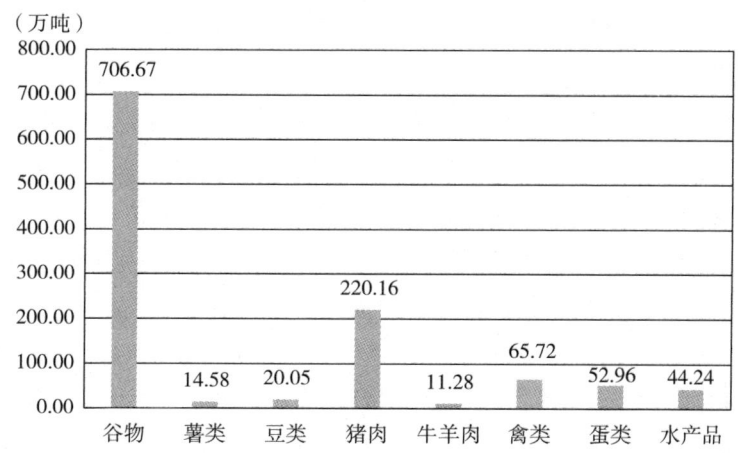

图 4-4　全国各类食物浪费总量（原粮当量）

（二）不同地区食物浪费情况

全国 11 大区域中，长江中游地区的浪费比率最高，为 3.69%，其次是西北区 3.68%，东南区 2.93%。京津区的浪费比率最低，为 0.14%。不同样本省（市）之间的差异也较大，四川的浪费比率最高，为 5.01%，其次是福建的 4.46%，甘肃的 4.26%，天津的浪费比率最低，为 0.14%，如图 4-5、图 4-6 所示。

---

① 数据来源：《中国统计年鉴》。

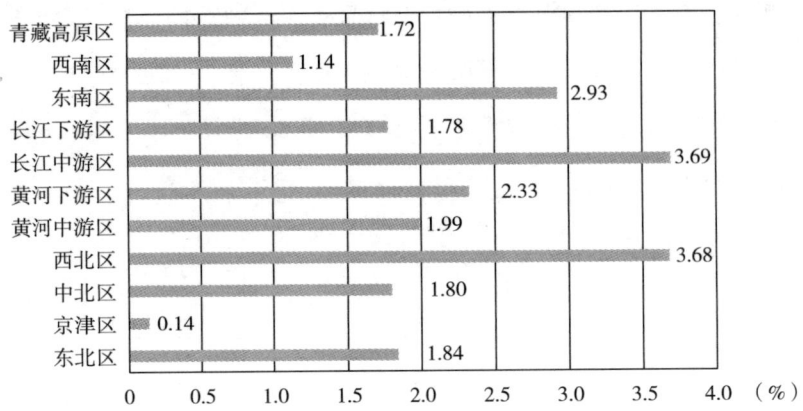

图 4-5 全国不同区域平均浪费率

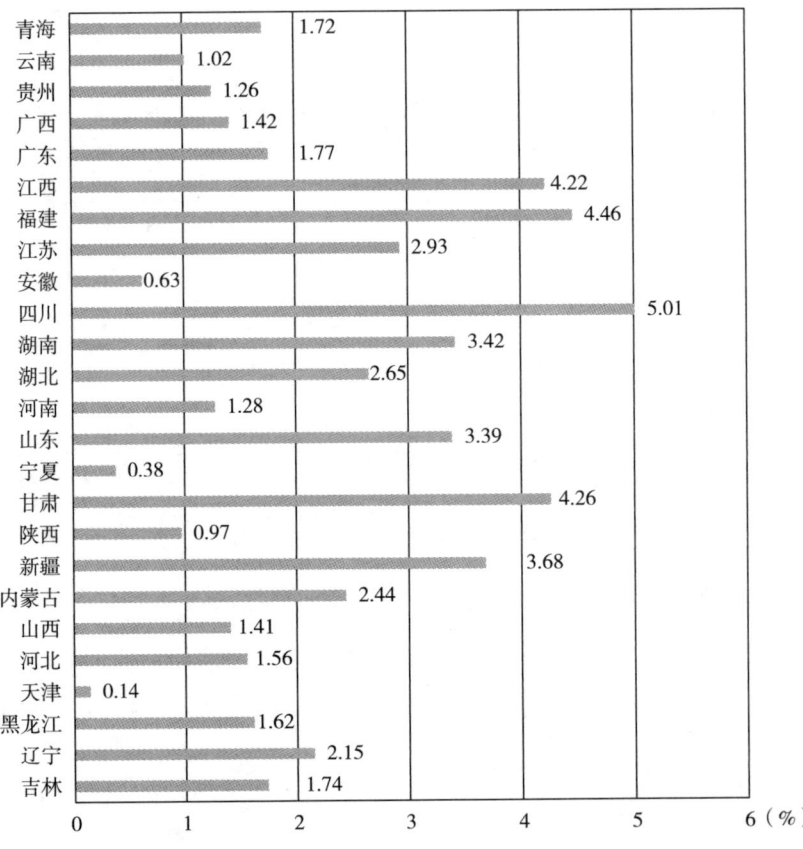

图 4-6 全国各省（市）平均浪费率

五、调查分析

(一) 不同区域饮食习惯对农村居民食物浪费影响分析

不同地区饮食口味对粮食浪费率影响较大。口味偏咸地区浪费率最低,为 1.63%,偏辣地区浪费率为 1.90%,偏甜地区浪费率为 2.29%,偏鲜地区浪费率为 2.56%,如图 4-7 所示。

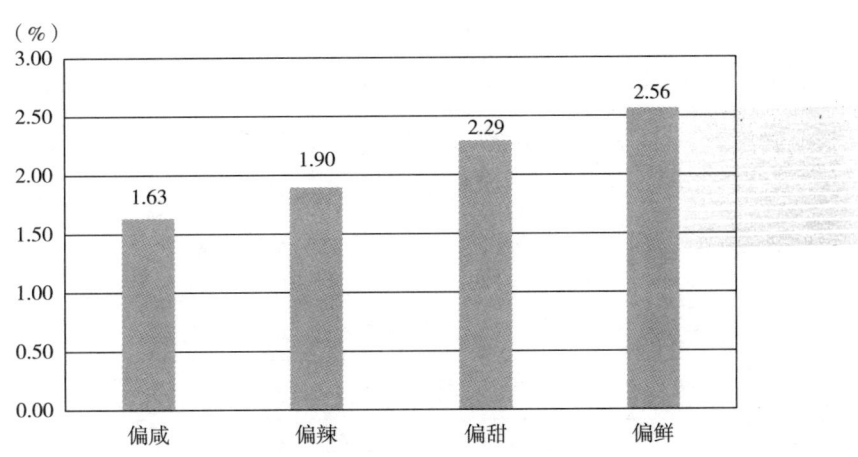

图 4-7 不同地区口味平均浪费率

不同地区主食习惯对粮食浪费率的影响也较大,主食为米制品区域的主食平均浪费率最高为 4.23%,远大于主食为面制品区域的主食平均浪费率(1.96%),主食为牛羊肉区域主食平均浪费率最低,为 1.61%,如图 4-8 所示。

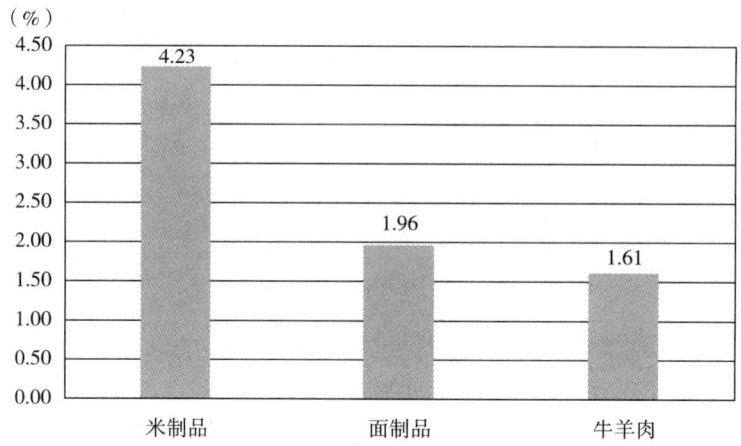

图 4-8 不同主食区域平均浪费率

（二）不同城市发展水平对农村居民食物浪费影响分析

从图 4-9 中我们发现，粮油消费环节人均浪费量与当地的经济社会发展情况基本成正比，经济越发达，人均浪费量越高。其中发达省（市）浪费率为 2.33%，与中等发达省（市）浪费率相近（2.42%），但欠发达地区浪费率明显低于前两者（1.96%）。

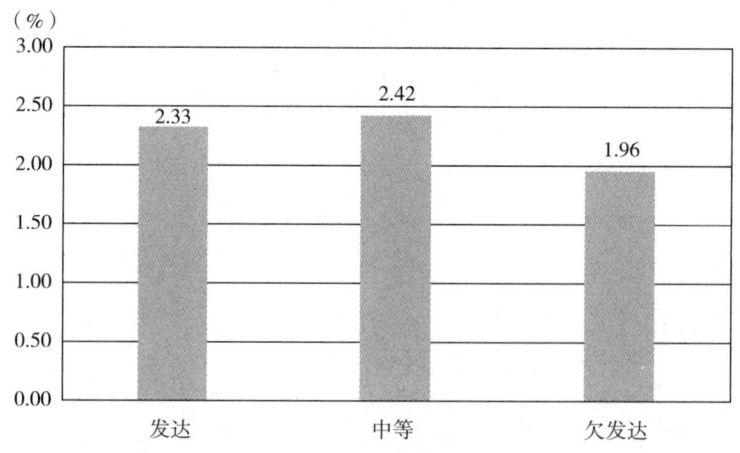

图 4-9 不同发达程度省（市）浪费率

（三）实证分析

1. 变量选择与定义

有关中国食物浪费的实证研究十分有限，根据有关研究，模型纳入以下自变量组：①被调查家庭的基本特征，如年龄、性别、身高、体重、收入、社会地位等；②被调查家庭的采购储藏特征，如家庭距离菜场距离、家庭是否有冰箱等；③被调查者的做菜做饭特征，如主食烹饪器具、做菜器具、烹饪燃料、是否喜欢放味精或鸡精、是否喜欢加辣、负责做饭的成员、做饭的习惯等。自变量具体如表4－5所示。

表4－5　模型变量定义

特征类别	变量名称	变量类型	变量定义
家庭基本特征	家庭恩格尔系数	连续变量	—
	是否是干部户	虚拟变量	是＝1；否＝0
	农户类型	虚拟变量	种粮大户＝1；普通农户＝0
	是否少数民族户	虚拟变量	是＝1；否＝0
	是否信教户	虚拟变量	是＝1；否＝0
	是否存在儿童和老人	虚拟变量	是＝1；否＝0
	是否存在肥胖成员	虚拟变量	是＝1；否＝0
采购储藏特征	家庭离菜场距离	连续变量	单位千米
	家庭是否有冰箱	虚拟变量	是＝1；否＝0
做菜做饭特征	做主食燃料	虚拟变量	电或煤气＝1；柴火或煤＝0
	做菜是否喜欢加味精	虚拟变量	是＝1；否＝0
	谁负责做菜做饭	虚拟变量	女性＝0；男性＝1
	是否只做当顿饭菜	虚拟变量	是＝1；否＝0

2. 研究方法与模型选择

因素分析法是在两个层次上进行的：一是找出消费环节食物浪费的各种因

素,然后分出主要的和次要的因素,针对主要因素寻求减少浪费的方案;二是在消费环节的浪费中,找出浪费率最高的几个主要方面,然后在对这几个主要方面进行因素分析的基础上,寻找主导的影响因素,从而寻求减少消费环节浪费的方案。

对回收的问卷进行统计后发现,农村食物浪费较少,零浪费大概率出现,因此,在研究食物浪费影响因素时采用 Tobit 模型。Tobit 模型源于 Tobin 有关家庭耐用品消费的研究,是受限因变量模型左截点为 0 时的特殊形式。当观测值大量出现零值时,线性假设被破坏,导致最小二乘法的一般线性模型不再适用。Tobit 模型结合了 Probit 模型和多元线性模型,适用于正值大致连续分布但包含一部分以正概率取值为 0 的结果变量,广泛应用于经济学领域。Tobit 模型可以定义为一个潜变量模型:

$$y_i^* = \beta^T X_i + e_i \quad e_i \sim N(0, \sigma^2) \quad (i=1, 2, 3, \cdots, n)$$

$$y_i = \begin{cases} y_i^* & y_i^* > 0 \\ 0 & y_i^* \leq 0 \end{cases}$$

在本研究中,因变量 y_i 为实际平均每日浪费百分比,其取值为非负值,y_i^* 为潜变量,X_i 为一组可能影响农村食物浪费率的变量。Tobit 模型的本质形式为:

$$y_i = E\{y_i | X_i\} + u_i = X_i^T \beta \phi\left(\frac{X_i^T \beta}{\sigma}\right) + \sigma \varphi\left(\frac{X_i^T \beta}{\sigma}\right) + \mu_i$$

$E\{y_i | X_i\}$ 是给定一组自变量 X 后,y 为正值的总体的期望值,对其求偏导后即为影响食物浪费率因素的边际效应。

3. 实证结果分析

采用 STATA 软件对样本数据运用极大似然估计法估计食物浪费比率的影响因素。由于主食和菜品在烹饪、食用和储藏方面差异较大,因此分别对其进行回归。其中主食包括米制品和面制品,菜品主要包括薯类、豆制品、猪肉、牛羊肉、禽肉、水产品和蛋类。

第四章 农村食物浪费情况

（1）主食浪费率模型。

主食浪费率模型的整体对数似然函数值为-4077.2817，整体模型在1%的显著性水平下显著。具体回归结果如表4-6所示。

表4-6 主食浪费因素

变量	系数	Z值	P值
恩格尔系数	-0.023**	2.07	0.037
干部户	0.777**	1.85	0.045
少数民族户	-0.407***	-3.52	0.000
信教户	-0.071	-0.83	0.954
农户类型	0.538	0.42	0.674
存在儿童和老人	0.096	0.34	0.535
存在肥胖家庭成员	0.408	1.14	0.256
是否有冰箱	-0.459*	1.97	0.062
主食燃料	-0.025*	-2.52	0.062
谁负责做饭	-0.255***	-2.33	0.004
只做当顿	0.055*	2.11	0.082
模型整体对数似然函数值-4077.2817			
模型整体P值0.0000			

注：*、**、***分别表示在10%、5%、1%的显著性水平下显著。

家庭恩格尔指标的系数在5%的显著性水平下显著，恩格尔系数平均下降一个单位，浪费比率平均提升0.023%。恩格尔系数衡量的是家庭经济水平，经济水平越高的家庭，恩格尔系数越低。家庭恩格尔系数与浪费比例呈显著的反向关系，说明家庭经济水平越高，浪费比率越高；干部系数在5%的显著性水平下显著，如果家庭成员有干部，则平均主食浪费率平均提升0.777%，说明社会地位越高,家庭浪费比率越高;少数民族系数在1%的显著性水平下显著,如果是少数民族家庭,家庭主食平均浪费率平均下降0.407%,说明少数民族群体的主食浪费率低于汉族;信教户的系数在10%的显著性水平下不显著,说明信教对家庭食物浪费率影响不显著;农户类型系数在10%的显著性水平下不显著,说明农户种植规模对家庭主食浪费率影响不明显;儿童和老人家庭系数在10%的显著性水平下不显著,说明家庭是否存在儿童和老人对家庭主食浪费率影响不明显;是否有冰箱系数在10%的显著性水平下显著,如果家庭拥有冰箱,则主食平均浪费率降低0.459%,说明良好的储藏条件有助于降低主食的浪费率;主食燃料系数在10%的显著性水平下显著,如果做主食的燃料为电或煤气,则主食平均浪费率降低0.025%,说明精细化烹饪方式有助于降低主食浪费率;谁负责做饭系数在1%的显著性水平下显著,如果是女性做饭,则主食浪费率平均提升0.255%,说明女性做饭浪费率比男性高;只做当顿的系数在10%的显著性水平下显著,如果主厨做主食时只做当顿的量,主食浪费量平均提高0.055%,说明家庭成员喜欢新鲜的主食会提高食物浪费率。

(2)菜品浪费率模型。

菜品浪费率模型的整体对数似然率为-3372.6384,模型整体在1%的显著性水平下显著。具体回归结果如表4-7所示。

表4-7 菜品浪费率模型

变量	系数	Z值	P值
恩格尔系数	-0.059*	1.97	0.092
干部户	0.545**	2.35	0.025
少数民族户	-0.623***	-3.41	0.000
信教户	-0.213	-0.24	0.954
农户类型	0.023	0.31	0.825

续表

变量	系数	Z值	P值
存在儿童和老人	0.025	0.21	0.762
存在肥胖家庭成员	0.315	1.02	0.456
是否有冰箱	-0.371*	2.32	0.074
离菜场距离	-0.321	0.378	0.942
主食燃料	-0.026*	-2.45	0.071
谁负责做饭	-0.325***	-3.48	0.000
只做当顿	0.081*	2.05	0.094
是否喜欢加味精	-0.354	1.90	0.057
模型整体对数似然函数值 -3372.6384			
模型整体P值 0.0000			

注：*、**、***分别表示在10%、5%、1%的显著性水平下显著。

恩格尔指标在10%的显著性水平下显著，恩格尔系数平均每提升一个单位，家庭菜品平均浪费率提升0.059%；干部户系数在5%的显著性水平下显著，如果家庭成员有干部，家庭菜品平均浪费率提升0.545%；少数民族户系数在1%的显著性水平下显著，如果是少数民族家庭，家庭菜品平均浪费率降低0.623%；信教户、农户类型以及家庭是否存在儿童和老人对菜品浪费率的影响在10%的显著性水平下不显著；是否有冰箱系数在10%的显著性水平下显著，如果家庭拥有冰箱，菜品浪费率平均减少0.371%；主食燃料系数在10%的显著性水平下显著，如果使用电或煤气做菜，浪费率平均降低0.026%；只做当顿系数在10%的显著性水平下显著，如果只做当顿，浪费率平均增加0.081%；距离菜场的距离以及做菜时是否喜欢加味精对菜品浪费率的影响在10%的显著性水平下不显著，即食材购买的方便程度和家庭成员对菜品口味的要求对菜品浪费率的影响不显著。

六、减少食物浪费的建议

一是尽快建立节粮监督约束机制。调查中,我们发现大部分被访者都有一定的节粮意识,民众对节粮的重要意义基本表示理解,但因缺少具体可行的节粮操作措施及惩戒措施,民众普遍感觉节粮动力不足。缺乏监督约束机制,造成思想上认可,行动上浪费。

二是制订《家庭烹饪指导手册》,指导居民根据不同情况,合理计算每餐用粮。不同年龄结构的家庭对米、面、油的需求不同,特别是年轻夫妻家庭和有儿童的居民家庭浪费较多,主要原因是年轻人缺乏经验,不清楚每餐的备餐数量,特别是某些儿童有挑食习惯,家长往往希望孩子多吃一些,准备饭菜时往往有过量现象。制订《家庭烹饪指导手册》,提示居民根据不同的身体状况,合理计算每顿饭的备餐量,做到既能满足营养需求,又不过量消费。

三是建议尽快启动对粮食产后储存、物流、加工等环节损失浪费情况的专项调查。在总结本次调查成功经验的基础上,结合其他环节特点,制定切实可行的操作方案,启动对粮食储存、物流、加工等环节损失浪费情况的专项调查。

四是建议利用好每年的世界粮食日和全国爱粮节粮宣传周活动,加大爱粮节粮宣传力度。通过组织各类形式灵活、内容充实、群众参与性强的宣传活动,提高社会各界的节粮意识。

五是加强相关科研立项,全面、系统、科学地研究食物浪费问题,为后续工作开展提供理论和数据支持。

七、调查存在的问题

本次农村家庭粮食浪费调查采用分类称重的方式对农村家庭消费环节的粮食损失浪费情况进行调查,没有现成的经验可供借鉴,难免存在一些不足,具体来说,主要存在以下几个方面的问题:

一是由于食物中不同食材的丢弃部分无法合理、有效分离,计算不同菜品的浪费量时,记账人员在分类称重时,最终结果可能存在一定偏差。

二是为记账人员记录方便,调查问卷只记录每餐的浪费率,没有记录其他称重环节,可能导致记账人员在估算时误差偏大。

三是受经费、人员等限制,调查样本覆盖范围有限,抽取的样本数量偏少,由此推算出的全国食物消费环节损失浪费数据存在一定偏差。

四是调查报告只是粮食产后损失浪费调查的阶段性成果,相关结论和数据还需进一步审核与确认,建议仅供内部参考,不宜直接对外宣传。

参考文献

[1] 曹志宏. 基于谷物当量的中国居民食物消费变化及其对农业生产需求分析 [J]. 资源科学, 2013 (11): 2181-2187.

[2] 邓斌, 尚刚, 纪振杰. 我国六大城市居民食用植物油脂肪酸摄入量调查分析 [J]. 中国油脂, 2013, 38 (5): 48-50.

[3] 丁声俊. 改善食用油消费结构是油脂消费战略的重要内容 [N]. 粮油市场报, 2012-02-25 (B01).

[4] 车进. 2014年中国食用油产业报告 [N]. 粮油市场报, 2014-10-16 (T22).

[5] 程黔. 我国2011年食用油市场回顾及2012年展望 [J]. 粮食与油脂, 2012, 25 (3): 36-38.

[6] 陈一静. 我国饮食文化地域差异的原因分析 [J]. 中学地理教学参考, 2014 (16): 67-68.

[7] 陈永红. 中国稻谷生产变化与供需平衡分析 [J]. 农业展望, 2005 (3): 8-14.

[8] 董建华. 食用油品种介绍及消费指南 [J]. 农产品加工 (创新版), 2009 (9): 65-66.

[9] 房红芸, 何宇纳, 于冬梅, 郭齐雅, 王寻, 许晓丽, 赵丽云. 中国居民食用油摄入状况及变化 [J]. 中国食物与营养, 2017, 23 (2): 56-58.

[10] 付嘉鹏. 国内油脂消费进入多元化时代 [N]. 粮油市场报, 2015-04-04 (B01).

[11] 高颖, 田维明. 中国大豆进口需求分析 [J]. 中国农村经济, 2007 (5): 33-40.

[12] 国良言. 减少粮食损失, 反对粮食浪费 [J]. 中国粮食经济, 2013, (3): 17-18.

[13] 黄季焜. 收入增长与农村稻米消费的演变 [J]. 农业经济问题, 1994 (8): 49-52.

[14] 琚腊红, 于冬梅, 房红芸, 郭齐雅, 许晓丽, 赵丽云. 2010~2012年中国居民膳食结构状况 [J]. 中国公共卫生, 2012 (1): 1-3.

[15] 李冬岩, 张兴昌, 高照良, 郭宝安. 试论我国粮食安全问题及对策 [J]. 产业与科技论坛, 2009 (4): 21-30.

[16] 李红霞, 马丽荣, 王恒炜. 甘肃省食用植物油供需波动变化研究 [J]. 中国农业资源与区划, 2015 (7): 71-77.

[17] 李辉尚. 基于营养目标的中国城镇居民食物消费研究 [D]. 中国农业科学院博士学位论文, 2015.

[18] 李亚玲, 易福金, 熊博. 中国食物消费结构变化对植物油市场的影响 [J]. 农业技术经济, 2017 (11): 115-128.

[19] 李扬, 刘慧, 汤青. 1985~2010年中国省际人口迁移时空格局特征 [J]. 地理研究, 2015, 34 (6): 1135-1148.

[20] 李哲敏. 中国城乡居民食物消费及营养发展研究 [D]. 中国农业科学院博士学位论文, 2007.

[21] 李哲敏. 中国城乡居民食物消费与营养发展的趋势预测分析 [J]. 农

业技术经济，2008（6）：57-62.

[22] 李志强，吴建寨，王东杰. 我国粮食消费变化特征及未来需求预测[J]. 中国食物与营养，2012，（3）：38-42.

[23] 刘桂才. 2000/2001年度国内外水稻生产形势与市场展望[J]. 中国稻米，2001（1）：40-41.

[24] 刘红利. 我国居民食物消费变动对农业发展的影响研究[D]. 山东理工大学博士学位论文，2016.

[25] 刘莉. 海峡两岸居民食物消费结构比较研究[D]. 中国农业科学院博士学位论文，2015.

[26] 刘莉，赵一夫. 大陆和台湾地区居民食物消费变迁的比较分析[J]. 世界农业，2016（4）：155-162.

[27] 柳苏芸，徐锐钊，姜楠. 中国及亚洲主要国家食用油消费研究[J]. 农业展望，2013，9（7）：72-75.

[28] 马冠生，郝利楠，李艳平，胡小琪，何宇纳，翟凤英，杨晓光，孔灵芝. 中国成年居民食用油消费现状[J]. 中国食物与营养，2008（9）：29-32.

[29] 马平发. 试析地理环境对我国南北饮食文化差异的影响——以关中地区和黔东南地区为例[J]. 凯里学院学报，2010，28（1）：128-132.

[30] 马哲哲. 河南省粮食消费结构变动情况研究[D]. 河南工业大学博士学位论文，2015.

[31] 穆月英. 我国农村居民食品消费需求系统分析——侧重于地区比较[J]. 经济问题，2007（10）：70-73.

[32] 钱乃余. 中国城镇居民食品消费与食品物流保障研究[D]. 西南财经大学博士学位论文，2010.

[33] 沈琼. 我国城镇居民植物油消费需求分析[J]. 中国农业大学学报，2008（3）：36-42.

[34] 孙国锋. 中国居民消费行为演变及其影响因素研究 [D]. 南京农业大学博士学位论文, 2003.

[35] 孙英威等. 粮食"餐前损耗"远超"舌尖上浪费" [N]. 新华每日电讯, 2014-04-25 (006).

[36] 谭体升. 我国食用油供应安全问题的思考与建议 [J]. 中国油脂, 2007 (5): 11-13.

[37] 王炳童. 污染密集型肉类消费结构的影响因素研究 [D]. 浙江工商大学博士学位论文, 2017.

[38] 王川, 李志强. 不同区域粮食消费需求现状与预测 [J]. 中国食物与营养, 2007 (6): 34-37.

[39] 王东杰. 我国城镇不同收入阶层居民食物消费结构升级研究 [D]. 中国农业科学院博士学位论文, 2012.

[40] 王佳友, 何秀荣. 我国城乡居民食用植物油消费影响因素的比较分析 [J]. 农业现代化研究, 2016 (5): 932-938.

[41] 王灵恩, 成升魁, 李群绩, 徐增让. 基于实证分析的拉萨市游客餐饮消费行为研究 [J]. 资源科学, 2013, 35 (4): 848-857.

[42] 王明华. 对我国饲料粮供需形势的分析 [J]. 调研世界, 2012 (2): 24-26.

[43] 王瑞元. 2013年我国食用油市场供需分析和国家加快木本油料产业发展的意见 [J]. 中国油脂, 2014 (6): 1-5.

[44] 王永刚. 我国食用植物油消费增长及其影响因素分析 [J]. 农业技术经济, 2006 (6): 54-59.

[45] 吴建寨, 任育锋, 王东杰. 我国稻谷消费时空动态研究 [J]. 中国食物与营养, 2011, 17 (7): 41-44.

[46] 吴乐, 邹文涛. 我国稻谷消费中长期趋势分析 [J]. 农业技术经济,

2011（5）：87-96.

[47] 吴取居. 中国稻谷供需均衡基本格局与主要变化研究——基于区域划分的视角［J］. 现代经济信息，2014（10）：402-403.

[48] 熊靓. 我国居民食物消费特征及影响因素研究［D］. 中国农业科学院博士学位论文，2016.

[49] 许世卫. 直面我国食物浪费严重现状［J］. 农村·农业·农民（B版），2007（1）：31-32.

[50] 许世卫. 中国食物消费与浪费分析［J］. 中国食物与营养，2005（11）：6-10.

[51] 杨万江，何德文. 南方稻区的稻米消费［J］. 中国稻米，1998（3）：24-26.

[52] 杨雪，王菲，冯念青，尹新丹. 我国中部城乡居民食品消费结构影响因素的实证研究［J］. 中州大学学报，2018，35（3）：19-23.

[53] 尹新丹. 我国中部城乡居民食品消费结构影响因素的实证研究［D］. 华北水利水电大学博士学位论文，2017.

[54] 詹玉荣. 全国粮食产后损失抽样调查及分析［J］. 中国粮食经济，1995（4）：44-47.

[55] 张浩，姚咏涵. 河南省饭店粮食消费损失现状调查研究［J］. 粮食科技与经济，2009，34（3）：16-18.

后　记

本书系南京财经大学粮食安全与战略研究中心的年度重点报告。

本书由李丰、蔡荣负责框架设计，丁圆元负责统稿，各章的执笔人如下：钱壮、朱强、丁圆元（第一章），刘尧（第二章），刘婷、胡迪、薛平平（第三章），蒋文斌（第四章）。李丰负责全书修改定稿。

南京财经大学粮食经济研究院院长曹宝明教授对本书的撰写和出版提供了非常重要的参考意见，李光泗教授、赵霞副教授、易小兰副教授、钱龙讲师以及粮食经济研究院有关博士研究生、硕士研究生对本书的研究与著述都做出了积极贡献，在此一并致谢。